U0060427

頭巾下的
穆斯林

甘肅、臺灣與馬來西亞檳城穆斯林女性的
田野調查及理論思考

李靜 著

推薦序

這是李靜教授研究穆斯林婦女的又一部新著。

本書作者李靜教授長期研究內地西北地區回族等少數民族，尤其關注少數民族婦女的生活狀況。近二十年來從實地田野調查、理論思考，到推動整合研究、進行跨地域合作等，成果豐碩、見地深邃。這次更以內地西北地區穆斯林婦女社會生活為椿機，結合了臺灣地區穆斯林婦女和馬來西亞穆斯林婦女的社會生活，就穆斯林婦女社會生活的一些活躍點，進行了深入的研究和剖析，新鮮靚麗、新意多處、發人思考。本書是李教授近年來從事跨文化研究的重要著作，亦是一部傾注了她思考穆斯林婦女社會發展的一部作品。

穆斯林婦女的研究是女性研究與穆斯林研究中非常重要的內容，亦是學界關注的熱點問題。傳統生活中的穆斯林婦女，在家庭中主要是生兒育女、相夫教子及家務勞動等活動，在家庭中相對處於從屬地位。頭巾下的穆斯林婦女給外界的印象是一個神祕的女性世界。隨著社會經濟發展以及全球一體化的進程，穆斯林社會同樣也在發生著變化。以前恪守「男主外、女主內」性別模式的穆斯林婦女也開始走出家庭走向社會，在家庭和社會經濟生活中產生影響。依循同一宗教信仰——伊斯蘭教、同一性別——女性，將研究視線延伸至不同地域，或許能發現穆斯林婦女社會生活的共性與差異性，這也是一個很有意義的研究視角。

本書以內地甘肅、臺灣、馬來西亞檳城三地穆斯林婦女作為研究對象，研究內容主要集中於伊斯蘭教發展歷史的追溯、宗教空間分佈與地域

文化、穆斯林女性的婚姻、穆斯林女性社會性別分工、穆斯林女性的宗教活動、穆斯林女性的行為文化,最後、對上述研究內容進行的總結與思考,並通過其所進行田野調查及對比研究提出了兩個理論。一個是關於「穆斯林女性信仰表現與經濟能力之間的『∪』型關係理論」;一個是「女性主內與家庭經濟能力之間的『∩』關係理論」。這兩個理論的提出,可以解釋當前社會中存在的某些宗教現象,這亦是其研究創新之處。她的研究從中國西北出發,延伸至臺灣地區,再至馬來西亞的檳城,這樣一個大跨度的研究足見其學術視野的寬闊和很強的駕馭資料的能力。

李靜教授的著述,多注重實地調研,內容生動鮮活、角度新穎,頗受學人贊許。本書仍繼承這個好的學風,從實際調研出發,採取比較研究的方法,取相似群體的生活習俗、婚姻交往、宗教信仰、文化取向等重點問題,提取其相同、不同和差異之處,推究其發展變化演變的原因和途徑,使人們的認識破除偏執性、僵化性和表面性,從而得到更深入細微、更準確的知識。這就是本書的亮點和特點。

總之,本書在研究方法論上、在比較的觀點上,以及在理論建構等方面都具特色和新意,確為一部具有高學術水準且通俗易懂的跨文化研究之論著,也將會是一本廣受歡迎的書籍。作為她的指導教授,看到其新著即將在臺灣付梓,至感欣慰,謹作本序以為推薦。

楊建新

2019.9.9 於蘭州大學

(蘭州大學教授,主要從事民族學、西北地方史、中外關係史等方面的研究和教學工作,為中國著名的歷史學家、民族學家。)

推薦序

　　2010 年李靜教授到臺灣清華大學訪問時，因緣際會，得知該校人社院人文社會中心有個亞洲季風研究計畫。因此向該中心提出這個《頭巾下的穆斯林》研究計畫，獲得該中心同意及資助。自此而後，數度來臺進行調查，終於完成她心目中的泛文化研究心願。材料經數年的整理分析及修改撰寫，今日終於付梓出版了。

　　李教授做了多年的大陸西北穆斯林研究，成果豐碩，出版專書及文章多篇。藉著參與此亞洲季風研究計畫，對不同地區的穆斯林做泛文化的比較研究，來了解及分析伊斯蘭教在甘肅蘭州、臺灣及馬來西亞檳城等三個地區的發展歷史、發展過程的內外在影響因素，及影響的結果。讀者們可清楚瞭解回教在不同地區的發展，及對各地區文化產生的影響，或和當地的文化接觸產生了涵化的效應。因此李教授蒐集這三地區回教婦女的日常生活習俗，加以整理和分析。

　　李教授採用了人類學的參與觀察、深度訪談，和比較分析研究作為本民族誌最主要的田野調查研究方法。書上的圖片及訪談的資料顯示出她田野調查的勤奮。在三地田野的活動參與及深度訪談，不論是在報導人的家裡，報導人的營業場所，或是在清真寺裡與教長或教友等人的訪問，都變成了本書珍貴的寫作資料。李教授強調不同的生態文化環境對於不同地區的女性穆斯林的影響是甚麼？她以婚姻，性別分工，宗教活動，服飾，居住型態等作為分析和比較的項目。讀者們可以清楚地知道同一項目在不同地區的實際發生狀況。雖然有些相似，但卻也有所不同。李教授收集的田野資料很豐富，透過她細膩的寫作手法，讀者們看完全書就會發現所謂日

常生活模式的表現，在不同地區會因為宗教信仰不同反應在生態環境、性別分工、婚姻、族群等層面上也差異巨大。同一件事情發生在本地區的可能是以喜劇收場，但在另一地區卻是哀傷眼淚的悲痛。讓我以發生在這三地區的婚姻為例來說明。基本上在甘肅的通婚主要還是教內婚，但現在其通婚圈也逐漸擴展到非教徒可以通婚，前提是對方必須入教。在臺灣則因選擇範圍相當有限，因此通婚圈向外擴展甚大。有位掌教的說要是在大陸，他根本沒資格當掌教的，因為他太太是教外女性。在臺灣的研究中有個和族群意識有關的結婚例子。鹿港的郭姓有不拜豬肉的白奇郭和拜豬肉的日湖郭。白奇郭祖先是回族，但現在除了像不拜豬肉的少數族群特色外，其他大多數的生活行為模式已和日湖郭沒兩樣。有一個以喜劇收場的結婚例子就發生於其間。剛開始時，女方家長一聽對方也姓郭就怕血緣太近而不同意，後來知道對方是拜豬肉的日湖郭姓就不反對了。但檳城華人婦女卻向李教授哭訴，她們因和穆斯林結婚而改信伊斯蘭教，就得不到家人諒解。沒被家人接受，不能回娘家探親。發生在臺灣的例子是以飲食習俗的不同而認為良緣是可被接受的；但發生在檳城的卻被認為是「背祖」而認為婚姻應該是被拒絕的。這兩個結婚的例子就反映出文化涵化與堅持的不同特性。

穆斯林是善於經商的民族，但礙於教義的規定，女性必須在家養育小孩，不得拋頭露面，出外工作。中和來自緬甸的華裔女性穆斯林跟李教授說，雖然伊斯蘭教規定女性要留在家裡，只要條件可以，她也願意在家裡；可是由於生活所迫，就不得不從事家庭商業。所以他們還是得屈服於現實的生活壓力。因此李教授在女性穆斯林宗教信仰和經濟活動的關係上得到兩個理論模型。第一個是信仰表現與經濟能力之間的「U」型關係：經濟水準地和經濟水準高者，信仰比較虔誠，但一般的工資階級或做小生意者，終日為生活忙碌，做禮拜的時間是很難保證的。第二個則是女性主

內與生活條件的倒「U」型關係：生活水平愈低者，外出工作者少；隨著生活水平提高，外出工作者上升。但經濟水平更高時，外出工作率就減少了。這兩個模式是李教授在三地的比較研究所整理出來的宗教信仰和經濟兩者之間的關係。不過就像李教授最後說的，也許還有其他因素所導致，必須有待將來樣本量的增加和更深入的田野才可進一步解析。換句話說，這兩個理論模式雖然他覺得是可行的，但還有待進一步的研究才會更具有說服力。是的！譬如說鄉下的穆斯林沒出去工作，到底是因為為貧窮，還是因為缺少工作機會呢?還是兩者皆有哪！

以居住型態來說，甘肅的穆斯林基本上是「圍寺而居或近寺而居」，產生緊密的社會聯繫及正常的宗教活動。使得回族人在數百年來並沒有被吞噬，反而更形茁壯。在檳城則因伊斯蘭教是國教，穆斯林的宗教活動就是很正常，也很頻繁的；甚至公司老闆也會配合伊斯蘭教的規定，允許職員在上班時間進行某些崇拜活動。所以居住型態對穆斯林的信仰活動沒甚麼影響，比較困擾的是華人女性嫁給穆斯林丈夫後，很難獲得家人的諒解。但在臺灣，不用說兩三百年前就到鹿港居住的回族白奇郭，穆斯林意識非常薄弱，對婚姻近乎沒有牽制力，就連在近百年內才在都市定居的穆斯林的婚姻，也常以教外婚來尋覓嫁娶對象。有位長老認為受到中國父系文化的影響，女兒嫁給外教的，基本上就不信仰了。再加上信徒們大都散居各地，兒女們上大學，在各地就業，伊斯蘭教的有些宗教行為和職場的要求是互不相容的。年老的逐漸凋零過世，年輕的日益流失，因此到清真寺做禮拜的人數就愈來愈少了！這裡我們又再次看到宗教和文化間的緊密關係了！

就像 Geertz 在他的《後事實追尋》（After the Fact）一書中所說的，研究者可以描述制度的轉變，結構的變遷：家庭，市場，正負，和學校。研究者也可以去建構一個模式，構想一個過程，提出一個理論，也可以畫

出一個圖型。但這一切都是在事情發生之後，人類學家把在田野所看到，所聽到而拼湊出來的拼圖（見方怡潔、郭彥君合譯（2009）《後事實追尋：兩個國家、四個十年、一位人類學家》。Geertz, Clifford （1995）著。李教授經歷前後數年的田野調查，把所看到，所聽到的資料收集起來，仔細分析，整理而寫成這一本對於三地穆斯林的精采論述。這些年來，也許有更快速的變化也說不定。我相信這本書可以對不熟悉穆斯林的讀者們提供一些伊斯蘭教的教義和宗教背景的論述；但我更盼望讀者們在閱讀時，能夠以一種理解而非排斥的心態來瞭解不同的宗教信仰，以及宗教在不同族群日常生活中所扮演的重要角色和意義。

陳祥水

（清華大學人類學研究所榮譽退休教授）

頭巾下的穆斯林
甘肅、臺灣與馬來西亞檳城穆斯林女性的田野調查及理論思考

自序

　　身為女性學者的我，女性研究一直是我很關注的主題。生長於中國大陸西北地區，有機會接觸更多的斯林，也就特別關注處於傳統社會中的穆斯林女性。我們的研究發現在西北的傳統穆斯林社會裡，以前是男性或外出打工，或經商謀事；而婦女大多是操持家務、相夫教子。但是在經濟發展的現代，婦女們開始衝破傳統禮教的束縛。她們或外出打工，或外出經商。有些穆斯林婦女更成為企業家或成功富商，開始在家庭經濟生活中發揮著主要作用。同時，其家庭地位與作用也在發生著變化。這些傳統角色及其變化是社會環境的影響，還是宗教文化的影響？在穆斯林社會中有普遍意義嗎？局限於一定地域，研究視野肯定受到局限。如果能對不同地區的穆斯林女性做一項跨文化的對比研究將是一件很有學術意義的嘗試，對相關問題的討論和思考將會更加深入，可擴展我們對穆斯林女性在現代社會日常生活的經營策略有更全面性的理解。

　　二〇一〇年承蒙臺灣清華大學人類學研究所陳中民教授的推薦，筆者有機會到該所擔任訪問教授，期間得知該校有個人文社會研究中心，也和主任黃一農院士有所交談。二〇一一年起的兩三年間，承臺灣清華大學人文社會研究中心的協助，我得以在臺灣清華大學擔任客座研究員，並完成此項研究工作。我首先要感謝主任黃一農院士及其中心的「季風亞洲與多元文化」的研究計畫。此研究計畫推動了國際化的跨學科研究，凝聚國內外眾多學者研究季風亞洲帶文化揉合的歷史過程，以及影響文化揉合的政治、經濟、地理及社會文化等主要因素，以及季風亞洲區研究的多元文化

總視角等等。這種研究理念正好幫助我實現了對穆斯林婦女性多重社會特性層面的對比研究。參與「疾風亞洲與多元文化」計畫，啟動了我對大陸西北、臺灣及馬來西亞檳城穆斯林女性的研究工作。這裡要特別感謝黃院士及該中心的所有行政人員在行政業務處理過程中，鉅細靡遺的鼎力協助。沒有他們的幫助，就沒有這項計畫的執行，當然也就沒有今天的這部研究成果。感謝臺灣清華大學人類學所前所長、人類學家陳祥水教授，是他推薦我申請臺灣「清華大學人文社會研究中心季風亞洲與多元文化計」，使我有機會將研究的問題進行延展。感謝他對我和家人在臺灣工作、生活期間的關心和幫助。他的幫助使得這項研究工作得以順利進行並完成。在此期間，我得以在臺灣清華大學人類學研究所和通識中心、臺灣政治大學政治學系發表與此書相關的演講，得到許多人類學家、民族學家、教育學家的回應意見，感謝人類學家陳中民教授、民族學家張中復教授、教育學家傅麗玉教授對我的關心與幫助；更感謝他們對大陸學者的關愛與支持。

與本研究有關的田野工作更是得到各方面人士的關心與幫助。臺北清真寺的馬孝祺先生、臺北文化清真寺馬教長、龍岡清真寺的馬監事、臺中清真寺的閃教長、高雄清真寺的陳教長、臺南清真寺沙總幹事都為我做臺灣穆斯林研究提供了很多幫助，在此對他們的無私幫助表示感謝。謝謝臺灣清華大學人類學所博士郭雅瑜小姐，她自己是鹿港人，亦做過鹿港郭姓的歷史記憶研究。她以自己的學術積累與田野經驗不辭辛苦帶我訪問了鹿港的郭姓人家，瞭解到很多郭姓對回教後裔之說的不同解讀與認同。感謝鹿港郭恆瑞老人家，他撰寫的《日湖郭氏渡臺鹿港族譜—日湖坑十六世》所分析的白奇回族漢化之必然及其過程，為我提供可借鑒的資料。雅瑜小姐和郭老人家為我順利研究鹿港郭姓、丁姓人家提供了太多的幫助。我也謝謝臺灣清華大學人類學博士翟振孝女士帶領我們進入中和地區的穆斯林

商圈。透過她的人際關係，我們知道了這些從滇緬來的穆斯林女性在此經商的經營策略及奮鬥過程。感謝可愛、睿智、善良的龍潭劉金花大姐（我們對她的暱稱是「金花婆婆」）。她開車帶我們走了臺灣很多地方、訪問民間人士，瞭解到臺灣的風土人情。感謝馬來西亞的王樂麗女士，在百忙中接待我，為我介紹了馬來西亞華人穆斯林的歷史及生活狀況。我要感謝的人很多，最需要感謝的是那些接受我們訪問，為我們提供家族資料、口述歷史、信仰現狀及內心活動的穆斯林女性們，謝謝妳們！在檳城訪問汾陽堂郭姓公司外（當地人稱祠堂為公司），也走訪其他姓氏公司，謝謝王公司的王吉成先生夫婦及林公司的林春煌先生的幫助。我也得感謝我的外子趙偉教授及兒子樂樂。他們父子兩人讓我離家在外面安心做田野調查，把家務丟給他們自行處理。謝謝他們的諒解及寬容。

　　在書稿即將付梓出版之際，心裡有很多的感謝與感慨。這裡還要感謝的是白象文化事業有限公司董事長張輝潭先生，也感謝吳適意主編，她負責了本書的編輯出版全過程，不厭其煩的一次次幫我排版、校對；是你們的支持和幫助才使這部書稿得以問世，讓更多讀者瞭解不同地域穆斯林女性及其生活，讓對於性別研究有興趣的讀者有更多可讀之資料，更了解到多元文化的生態影響，讓穆斯林女性的柔韌和剛強的精神和毅力得以做出適度的調整和發揮。

李靜

（蘭州大學西北少數民族研究中心教授）

目錄

頭巾下的穆斯林
甘肅、臺灣與馬來西亞檳城穆斯林女性的田野調查及理論思考

摘要

本研究為臺灣清華大學人文社會研究中心「季風亞洲與多元文化」計劃之研究成果。

　　有關穆斯林婦女的研究一直是國際學術界關注的一個主題。伊斯蘭教傳入中國大陸、臺灣和馬來西亞的路徑和時間是不同的。伊斯蘭教進入中國大陸是沿著路上絲綢之路，和海上絲綢之路兩條路線傳入，從而帶來大批穆斯林，而臺灣的穆斯林是由福建、雲南等地的穆斯林信眾遷徙而進入的，馬來西亞的華人穆斯林最早可以追溯到鄭和時期。本研究以甘肅蘭州、臺灣及馬來西亞檳城回教婦女為研究對象，對她們在社會經濟變遷中的婚姻、社會性別和宗教等日常生活進行對比研究。

　　生活於不同地域的穆斯林女性均受到中華文化與伊斯蘭文化的影響，在生活與文化上有其共性的表現。但我們的研究有注意到，處於大陸儒家文化圈中的伊斯蘭教文化，其發展是與儒家文化相結合的適應性發展；而臺灣的伊斯蘭教也是處於漢文化圈中的，其發展呈現出弱化的趨勢；馬來西亞作為伊斯蘭教國家，華人穆斯林生活於馬來文化圈中，其面臨的問題之一是如何適應和融入馬來社會的問題。如果循著信仰同一宗教的相同性別來延伸我們的研究視線，就會產生這樣一些問題：處於臺灣及馬來西亞社會中的穆斯林婦女又是什麼樣的？她們持相同宗教信仰、秉相同生活範式、承相同性別角色，在現代化發展的今天，這些特殊群體的變化有何異同？導致這些異同的原因是什麼……？該研究有助於我們瞭解信仰伊斯蘭教的穆斯林婦女的變化以及變化的原因。同時，可以瞭解信仰同一宗教、生活在不同地域、不同文化背景下的穆斯林婦女的婚姻生活、社會性別及在家庭經濟生活中的地位及作用，以及造成這些異同的原因是什麼。

關鍵詞：穆斯林女性　婚姻　社會性別　跨文化　調查

前言

　　宗教的基礎就是現實生活中有著不同需要、不同目的以及充滿個性和情感的活生生的人類個體。人類具有無窮的智慧與情感、具有無限豐富的心理世界和心理感受，面對現實生活中的各種困惑、災難、挫折和痛苦，「人生不滿百、常懷千歲憂」。因此，人類需要精神的寄託與心靈的安慰。所以馬克思在談論宗教的時候，曾經精闢地寫到「宗教裡的苦難既是現實的苦難的表現，又是對這種現實的苦難的抗議」，「宗教是被壓迫生靈的歎息，是無情世界的感情」。

　　宗教是人類對超自然力量信仰的知識體系、心理狀態和實踐行為。宗教與婦女之間因其相悖的關係成為頗具困惑性的話題。在宗教中，「女性一方面被奉為聖潔的女神，另一方面又被貶為邪惡的女巫。……虔誠信徒中婦女居多，而她們中的大師和宗教思想家卻寥若晨星。婦女長期處於宗教權力機構之外，而各教的創立及傳播卻又離不開婦女的功績。」[①]特別在全民信教的社會中，婦女信徒不少於二分之一，在非全民信教的社會中，婦女往往也成為構成信徒的主體，但同樣的悖相關係依然絕然地存在，這是一個值得令人深思的悖論命題。在一般人的直觀理解上，在絕大部分人看來（無論男女），女性是一般要比男性更為虔誠，但她們在宗教中的地位又不是很高。

　　本研究以甘肅蘭州、臺灣及馬來西亞檳城回教婦女為研究對象，對她

[①]楊莉：宗教與婦女的悖相關系，宗教學研究，1991 年（1-2）。

們在社會經濟變遷中的婚姻、社會性別等進行對比研究。

　　傳統生活中的穆斯林婦女，在家庭中的分工主要是生兒育女、相夫教子及家務勞動等，其家庭地位相對是比較低下的，給外界的印象是帶有一些神秘性的。隨著社會經濟發展以及全球一體化的進程，穆斯林社會同樣也在發生著變化。以前恪守「男主外、女主內」性別模式的穆斯林婦女也開始走向社會，在家庭經濟生活和社會生活中發揮作用。

　　我們在西北穆斯林地區做過多年的調查研究，關注到鄉村社會的穆斯林婦女在其家庭生活中的角色及地位的變遷。我們的研究發現，處於西北傳統社會的穆斯林婦女，以前是男性外出務工，或外出經商謀事；而她們則走向田間地頭、操持家務、相夫教子。但是，在經濟發展的現代，她們開始走出傳統禮教的束縛，外出務工、或外出經商，開始在家庭經濟生活中發揮著主要作用。同時，其家庭地位與作用也在發生著變化。而居住在城市中的回族婦女也是與其他人一樣去接受教育，參加工作，參與社會的各項事務。如果循著信仰同一宗教的同一民族，來延伸我們的研究視線，就會產生這樣一些問題：處於臺灣及馬來西亞社會中的穆斯林婦女又是什麼樣的？她們持相同宗教信仰、秉相同生活範式、承相同性別角色，在全球經濟一體化發展的現代，這些特殊群體的變化有何異同？導致這些異同的原因是什麼……？這樣的多點研究就是文化人類學中所強調的泛文化比較研究的特色，也是本研究秉持的研究方法及田野調查的特色。

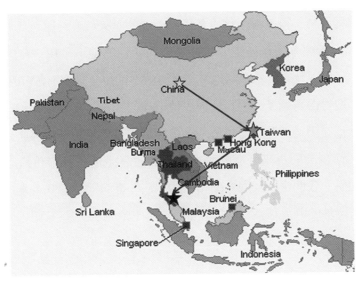

穆斯林女性跨地域、跨文化的對比研究：甘肅、臺灣、檳城

　　本課題將對穆斯林婦女的婚姻生活、社會角色變遷等進行對比研究。
將研究視角集中在持相同宗教信仰、但生活在不同地域、不同社會背景中
的穆斯林婦女進行對比研究，是具有重要現實意義的選題。該選題有助於
我們瞭解處於封閉保守的、信仰伊斯蘭的穆斯林婦女的變化以及變化的原
因。同時，可以瞭解信仰同一宗教、生活在不同地域、不同文化背景下的
穆斯林婦女的婚姻生活、社會性別及其在家庭經濟生活中的地位及作用，
以及造成這些異同的原因是什麼。這些都為我們研究現代化背景下，作為
一個特殊群體穆斯林婦女提供理論與實踐的材料，對瞭解占人口一半的穆
斯林婦女，對她們的發展以及對於整個穆斯林社會的發展都具有重要現實
意義。

　　本研究將繼續沿用人類學田野調查、深度訪談及參與觀察等，將研究
視線延伸至臺灣及馬來西亞，瞭解處於現代變遷中的三地穆斯林婦女婚姻
生活及社會性別，研究其表現形式，分析其文化基礎。

甘肅穆斯林、臺灣穆斯林以及馬來西亞的華人穆斯林雖然信仰共同的宗教——伊斯蘭教，但是由於這些族群所生活的地域環境、生態環境不同，政治環境以及經濟水準、地域文化等的不同，會呈現出各自的特色。

　　為了取得盡可能多的同質性與等值對比研究，我們選取的調研對像是集中在城市，因為西北的鄉村傳統社會與城市或臺灣及馬來西亞有著極大的不同，而臺灣與馬來西亞的華人穆斯林也是生活在都市化範圍中。所以，在調研上我們選取甘肅省蘭州市的回族、臺灣回教信仰者及馬來西亞檳城及吉隆玻的華人穆斯林作為視點，其中也會涉及一些對鄉村傳統穆斯林社會的研究。

歷史的追溯

比較視野中的三地穆斯林

甘肅、臺灣及馬來西亞華人穆斯林發展的歷史不同，
因而三地所形成的伊斯蘭文化的積澱及其表現形式也
不盡相同。同時，居住格局在伊斯蘭信仰中也是一個
重要的表現形式。研究三地的穆斯林居住分布對於瞭
解不同地域的伊斯蘭信仰也是有著重要意義的。

歷史長河中的穆斯林

　　追溯回族穆斯林在甘肅地區、在臺灣以及馬來西亞的形成及發展，研究伊斯蘭教在三地的起源及變遷的歷史脈絡，對探尋三地穆斯林的演變及其現在的生活是具有學術意義的。在回溯歷史的同時，將三地伊斯蘭教及其穆斯林的發展史放在歷史的視野中進行比較，將讓我們的視線回到一個很有意義的、泛文化場景中。

　　將甘肅、臺灣及馬來西亞華人穆斯林的歷史分別進行回顧，展現不同地域的伊斯蘭教歷史，可以較為清晰的認識與分析當今三地伊斯蘭教的發展及穆斯林的狀況。

甘肅回族穆斯林

　　甘肅省有很多的穆斯林居住在這裡，在我們的研究中以蘭州回族穆斯林作為研究視點。甘肅回族的來源，最早可追溯到唐代。當時唐王朝強盛，絲綢之路暢通，沿絲綢之路甘肅境內的主要幹線：北線、中線、南線進入中國以經商為目的的大食穆斯林中，有一些人因羨慕甘肅河西地區的繁榮和富饒，留居當地。[1]

---

[1]田恒江、周德廣撰，絲綢之路漫記（甘肅），北京：新華出版社 1984 年版，頁 331。

圖 1-1　伊斯蘭教傳入中國路線圖[1]

　　金吉堂在其《中國回教史研究》中曾這樣寫到，大食商人與中國商人
互市於河西諸郡，「及其日久，多有留居不去，冠漢姓，娶漢人女子為妻
妾者」[2]。臨夏八坊回族聚居區長期流傳下來的口碑資料也說，唐代曾有
10 個大食穆斯林從絲綢之路，甘肅境內隴西段來到臨夏（時稱河州），後
身亡葬於該地。這些大食穆斯林應該說是甘肅回族最早的來源。到了唐
末，有史料記載，今天甘肅的張掖、武威及寧夏回族自治區的靈武縣，已
有回族先民居住，「終唐之世，惟甘、涼、靈州有回族」。[3]

　　宋王朝建立以後，十分重視同大食人的貿易，因此，大食人來中國的
較之唐代更盛。甘肅境內絲綢之路的各條通道，則是一部分使節和商人從

　　[1]網站：以信仰之名～穆斯林的生活與文化。
http://library.taiwanschoolnet.org/cyberfair2007/wfps/sub0201b.htm（2011.6.24）
　　[2]金吉堂著，中國回教史研究，臺北：珪庭出版社民國六十年版，頁 110。
　　[3]隴東慕少堂著，甘寧青史略‧副編卷三‧民族志，蘭州：蘭州俊華印書館中華民國二十五年
初版，頁 29。

陸路來中國的必經之路，其中落居河西地區者，仍不乏其人。元朝初年，馬可波羅到甘州時，發現在這個幅員遼闊的古城府內居住的人中，就有一部分伊斯蘭信徒，其書中記載：「甘州（Gampichu 張掖）是唐古忒省的首府，幅員相當遼闊，甘州握有支配和管轄全省的大權，人民大多數信奉佛教，也有一部分基督教徒和回教徒。」[1]證明宋時就有穆斯林居於甘肅的事實。可以說，唐、宋之際，以經商為目的、沿著絲綢之路進入甘肅的大食穆斯林，是甘肅回族最早的先民。

南宋末年，隨著蒙古軍隊的西征，大批回回人東遷中國。在元政府統一全國的戰爭結束後，他們就留居各地，從事戍邊、屯墾、看守倉庫等工作。在甘肅的河西一帶，為數眾多的回回軍士在「社」的編制下，屯田耕牧於已墾或為開墾的荒地上，經營農業生產，取得了普通農民的身分。這些落居甘肅的回回人主要是男性，他們同他們所居地方的其他民族女子結婚，這樣回回又有了新的發展，人數也不斷增多，東遷的回回人定居甘肅，並且繁衍其新的成員，他們是甘肅回族形成中最重要的部分。

此外，元代中西交通又一次呈現繁榮的景象，「無此疆彼界……適千里者如在戶庭，之萬里者如在鄰家。」[2]，西域回回進入甘肅河西地區「多方買販」而留居者為數亦不少。由於河西走廊是中西交通的要道，而且由於中亞、波斯、阿拉伯地區和中國距離較近，所以移居這一地區從事屯田的信仰伊斯蘭教的各族很多。因此，有時元朝政府甚至把「回回」屯戍人戶，作為河西屯戍人戶的代表。如至治二年（1322 年），英宗詔「免回回人戶屯戍河西者銀稅」[3]《甘寧青史略》正編卷 13 中記載：「中統元

---

[1] [意]馬可·波羅口述，魯思梯謙 筆錄，曼紐爾·科姆羅夫英譯，陳開俊等譯，馬可波羅遊記，福州：福建科學技術出版社 1981 年版，頁 54。

[2] [元]王禮 著，麟原文集，轉引自：胡國興主編，甘肅民族源流，蘭州：甘肅民族出版社 1991 年版，頁 139。

[3] 《元史》卷二十八，英宗記。

年（西元 1260 年）六月乙卯，蒙古主徙甘州、涼州寄居回回於江南各衛。時西陲有警，不得已為徙戎之策，被徙者戶四百三十六，口一千四百七十九。」[1]說明回族人在河西已佔有相當大的比例。當地地方誌中記載，在肅州（今酒泉）東關內兩條各一裡多長的街道上經商者「番回居大半」。肅州農村裡還種植西域來的「回回麥」。《明史·西域傳》卷 220 中「記載元時回回遍天下，及是居甘肅者尚多」[2]，正是說明暸甘肅回族在元代的繁盛。可見，對於元代的回回人來說，甘肅河西走廊，是他們最重要的屯田地區之一。1963 年對回族歷史進行了集體調查，編寫的《回族簡史簡志合編》由中國科學院民族研究所鉛印，書中論述了回回民族和伊斯蘭教的關係，「元代是回回民族形成的最初時期，伊斯蘭教開始就成了這個形成中的民族的信仰。」「由於回回基本上都信仰伊斯蘭教。這樣，他們在思想意識上就有了一個無形的維繫……促使了民族共同心理狀態的相處」。從史料亦知，元代時，回回商人的政治、經濟地位已舉足輕重。

明代是甘肅回族形成為一個民族共同體的時期，「肅在明代，幾乎回民全部區域」[3]從地域環境上看，甘肅回族這時才真正形成「大分散、小聚居」的特點，「甘肅地近西域，多回回雜處」[4]。從河西到隴南各地，以及今天的臨夏、甘南兩個自治州境內，都有回族人聚居或散居。回族人在全省各地開墾荒地，興修水利，不斷建立了新的回回村。甘肅回族主要從事農業生產，城鎮回族也基本形成善於經商的經濟特點。臨夏是當時甘、青交界處的商業中心；張家川、平涼等地是著名的回族毛皮商人的集

---

[1]隴東慕少堂著，甘寧青史略·正編卷十三，蘭州：蘭州俊華印書館中華民國二十五年初版，頁 3。

[2][清]張廷玉等撰. ，明史第 28 冊卷 220·西域傳四，北京：中華書局 1974 年版，頁 8599。

[3]竹籬. 回教在甘肅[J]，新甘肅 1947(2)，收錄於甘肅省圖書館書目參考部編. ，西北民族宗教史料文摘甘肅分冊，頁 11984-452。

[4][明]陸深撰，谿山餘話，轉引自：政協蘭州市委員會文史資料委員會編，蘭州市文史資料選輯第九輯·蘭州回族與伊斯蘭教，頁 8。

散場所。至於長途販運日用品、飲食業、鮮貨業的半農半商的回族人，為數就更多了。各地回族聚居區普遍建立了清真寺，本民族內部的凝結力和共同心理狀態，已經相當堅固。為了適應環境、交流思想和分享生產技術的經驗，甘肅回族此時已大量使用中文。阿拉伯、波斯語言文字，主要是用於宗教活動，日常生活中應用的相對減少，不像元代以前那樣占主要成分。1936 年，金吉堂在《回教民族說》一文發表於《禹貢》第五卷第 11 期。文中說：「回族者，回教教義所支配而構成之民族也。」這大概是第一次以明確語言提到伊斯蘭教對回回民族形成的作用。他從血統、生活（生活方面又分衣、食、住、行和生活方面）、語言、宗教、風俗習慣等方面對此進行了論述，說「信回教的即回族」，「回族之構成由回教之支配，則回族人士當然同一信仰回教」。①

圖 1-2　甘肅穆斯林

①李松茂〈伊斯蘭教和回回民族的形成〉，載於雲南少數民族古鎮整理出版規劃辦公室編，《回族史論集》，昆明：雲南民族出版社，1989，頁 116。

清朝初期和中期，是甘肅回族在封建社會的發展時期。在這個時期，甘肅回族人口增加了，居住區域更擴大了，農業、商業、手工業及文化等方面更加發展了。清同治以前，河西地區仍然是甘肅回族最主要的聚居區，省內其他地方，包括現在青海和寧夏所管轄的部分地區，也是回族雜居或聚居區。同治年間西北回民起義失敗後，甘肅乃至西北回族的分布狀況有了重大的改變，基本形成了現在這樣的佈局。

　　同治年間的西北回民起義失敗後，清政府制定了歧視性的遷徙政策，「回民則近城驛非所宜，近漢莊非所宜，並聚一處非所宜……今覓……荒絕無主、各地自成片段者，以便安置」[①]，把原來居住在八百里秦川、秦渠、唐徠渠兩岸富饒之地的回民，盡悉遷到貧瘠山區內安置。甘肅的張家川、平涼等地是安置遷徙回族的主要地區之一。河西地區是唐、宋、元、明四朝以來甘肅回族最為集中的地區，自這次回民起義失敗後，河西回族橫遭清政府的屠殺、遷移，出現了「自是，甘、涼、安、肅一帶二千餘里無回族聚處」[②]的局面。以後雖然幾經變遷，但河西地區再也沒有形成回族聚居區。與河西情況不同的是，河州在同治年以後，自明代以來形成「回多漢少」的局面仍然存在。各地回民起義失敗後，又有大量的回民避難於河州，使河州的回族人口不斷增加，成為甘肅回族最主要的聚居區。僅河州回族聚居的八坊（今臨夏市）一帶，就有數萬回族。「蓋八方（坊）為回民商務聚居之地，富甲省垣，居民三萬餘人，全系回族」[③]。隨著河州回族人口的增加，經堂教育發展很快，宗教職業者為數亦甚多，城鄉各地清真寺普遍建立。甘肅回族的分布，自同治後再無多大變化，延

---

①[清]左宗棠，收復河州安插回眾辦理善後事宜摺，摘自左文襄公全集奏稿卷四十一.甘肅省圖書館西北文獻資料室藏，編號 351087，頁 62。
②王鍾翰點校，清史列傳卷五十一・左宗棠，北京：中華書局 1987 年版，頁 4061。
③隴東慕少堂著，甘寧青史略・正編卷三十一，蘭州：蘭州俊華印書館中華民國二十五年初版，頁 28。

續到 1949 年。

　　據 1990 年第四次全國人口普查，蘭州市有 2,624,353 人，共有 39 個民族，漢族人口約占總人口的 96.44%，38 個少數民族人口為 93,444 人，占蘭州市總人口的 3.56%。[①]其中人口超過 700 人的少數民族有 7 個（回族、東鄉族、維吾爾族、藏族、滿族、蒙古族、土族）。我國信仰伊斯蘭教的 10 個民族在蘭州市都有，人口共計 79,232 人，占蘭州市總人口 3.02%。其中回族人口 76,284 人，東鄉族 1,857 人，維吾爾族 702 人，撒拉族 167 人，哈薩克族 149 人，保安族 51 人，柯爾克孜族 13 人，烏茲別克族 6 人，塔吉克族 2 人，塔塔爾族 1 人。1994 年抽查蘭州市的回族人口已達 9 萬餘人。近年來，外地來蘭州暫住經商、務工的穆斯林特別是回族、東鄉族、維吾爾族等日益增多，據估計約有 6 萬人左右，加上本市的穆斯林人口，目前，蘭州市大約有 17 萬穆斯林人口。[②]

　　源於共同的宗教信仰和由此衍生的幾近相同的生活方式，這是一個民族共同體形成的事實。蘭州市的回族即是在此前提下形成的以回族為主體的跨民族的穆斯林族群（Muslim ethnic group），穆斯林意識作為族群意識遠遠超越了單個民族意識而形成了跨民族的認同。伊斯蘭文化淵源即是這個族群形成的基礎，又是維持這個族群邊界的基礎。這一點正如艾略特所說的：「要在各自具有不同文化的民族之間創造某種共同文化，其主導力量是宗教」。1940 年，羅邁（李維漢）的長篇論文《回回問題研究》在延

[①]數據來源：甘肅省民族事務委員會編，甘肅省少數民族地方，蘭州：蘭州民族出版社 1993 年版，頁 474。蘭州 38 個少數民族人口為：回族 76284 人，滿族 7175 人，藏族 2760 人，東鄉族 1857 人，蒙古族 1441 人，土族 1153 人，維吾爾族 702 人，壯族 365 人，朝鮮族 347 人，土家族 206 人，錫伯族 183 人，撒拉族 167 人，哈薩克族 149 人，裕固族 128 人，苗族 111 人，白族 56 人，保安族 51 人，侗族 49 人，達斡爾族 40 人，彝族 37 人，瑤族 32 人，畲族 29 人，布依族 23 人，俄羅斯族 23 人，納西族 14 人，柯爾克孜族 13 人，仡佬族 9 人，水族 6 人，羌族 6 人，烏茲別克族 6 人，哈尼族 5 人，黎族 4 人，高山族 4 人，傣族 3 人，塔吉克族 2 人，佤族 2 人，鄂溫克族 1 人，塔塔爾族 1 人。
[②]楊文炯，Jamaat 地緣變遷及其文化影響[J]，回族研究，2001(2)。

安《解放》雜誌上發表，說「至今為止，伊斯蘭──回教不但是使回回團結為一個民族『繩索』，而且在回回大眾中仍然有充分的信仰。」「回教史回人結合而為民族的『繩索』，是回族團結奮鬥的旗幟。」這裡提到的「繩索」作用。「繩索」一詞是借用《古蘭經》上的話。[①]從這個族群的地緣分布看，蘭州市的回族、東鄉族等都是混合居住，形成共同的Jamaat[②]，他們之間沒有任何居地界線。

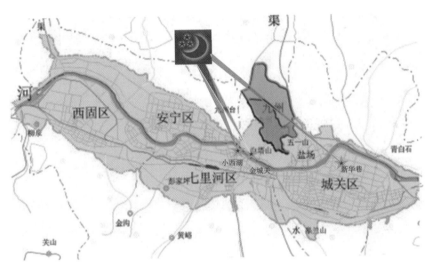

圖 1-3　蘭州市穆斯林的主要分布區

　　近幾年來，到省城蘭州經商、務工的外地（主要是鄉村的）回族、東鄉族等穆斯林，他們在蘭州擇地居住仍然是圍繞蘭州市穆斯林的 Jamaat 而租房、建房或購房居住。如位於七裡河區的工林路一帶，沿通往阿幹鎮煤

---

①《古蘭經》第三章第 103 節說：「你們當全體堅守安拉的繩索，不要自己分裂。」
②Jamaat，即寺坊。一般來說，在回族比較集中的地區都會有清真寺，回族的居住格局基本上圍寺而居，寺坊除具備社區的特徵外，更多地寄託配合宗教文化的維繫。一個回族是歸屬於某個寺坊的（Jamaat），而寺坊或者或者清真寺是歸屬某個伊斯蘭教門派。

礦的鐵路一線，始於 20 世紀 80 年代初，就有回族、東鄉族等穆斯林從東鄉、廣河、和政、臨夏等地陸續遷來居住經商，至今已達 100 多戶，2000 多人。[①]這些外來穆斯林選擇這裡居住，不僅僅是沿鐵路一線有空地可供臨時建房居住，而且更重要的是工林路一帶本身就是一個較大的穆斯林聚居區，僅工林路旁邊就有工林路上寺、工林路下寺、工林路小寺三座清真寺，並且工林路與上西團、下西園、小西湖、鹹溝沿等回族聚居區相接，在半徑一公里範圍內就有 8 座清真寺。這種擇地居住正是族群意識的反映，這種地緣分布可視為族群邊界的地緣文化符號。

臺灣穆斯林

要說臺灣的穆斯林狀況，追根溯源，可能還要說說距離臺灣最近的福建南部的泉州。創建於北宋大中祥符二年（1009 年）的清真寺——伊斯蘭曆 400 年，是阿拉伯穆斯林在中國創建的現存最古老的伊斯蘭教寺。泉州約於 1350 年代埠，成為當時中國對外主要的港口之一。當時，不但信奉伊斯蘭教的元朝將其穆斯林思想傳入該地，更有來自阿拉伯的商人也將伊斯蘭教帶入並宣教，故有不少漢人皈依伊斯蘭教，成為穆斯林。儘管在 1368 年以後蒙古人建立的元朝勢力於福建泉州境內消退，但是泉州仍有一定數目的穆斯林。

第一，臺灣早期的穆斯林

伊斯蘭的傳播史上並無「臺灣伊斯蘭」、「臺灣穆斯林」或「臺灣回教」等的記載，漢文史料也鮮少記錄穆斯林進入臺灣本島。間接資料顯示，中國穆斯林進入臺灣主要有兩階段，第一階段是在 1661 年左右（明朝末年），鄭成功撤退臺灣建立政權時，當時一些福建的穆斯林家族隨著國

頭巾下的穆斯林
甘肅、臺灣與馬來西亞檳城穆斯林女性的田野調查及理論思考

[①]王建斌、李慶勇，城市邊緣地區伊斯蘭教探微——以蘭州穆斯林社區調查為個案[J]，西北第二民族學院學報 2005（2）。

姓爺進入臺灣，隨同登陸臺灣的福建軍民也有不少穆斯林。之後，清施琅攻打進入臺灣時，也帶進了不少中國大陸的穆斯林。這些為數不少的穆斯林大部分是來自泉州的郭姓漢人，相傳是唐代名將「郭子儀」後代。這些來自福建惠安白奇鄉郭姓族人也有「北奇郭」的另外稱呼（泉州漢語北奇與白奇同音）。以郭氏家族為主的穆斯林漢人，不但於鹿港定居，並於 1725 年興建一座清真寺及供禮拜沐浴的水井。[①]

　　白奇郭姓回民一萬三千多人，聚居惠安縣東園鄉，俗稱「九鄉郭」，均屬近海地帶。據說，白奇郭姓外遷浙江溫州、沈家門、蒼南等地和移居臺灣等地的後裔約一萬多人。白奇郭姓回民雖已漢化五百餘載，但由於長期以來，牢記祖先遺訓，不僅民族意識深厚，而且以後亦有繼續複歸清真教門，尊重回回民族風俗者。「九鄉郭」有一個「禁油」風俗，這個風俗與伊斯蘭教有著密切關係。由於祖輩「死者應重歸清真」的交匯，又歷代相傳一句「供不清、子孫不興」的傳說。故對「禁油」頗為重視。何為「禁油」呢？「禁油」就是指禁食豬肉、豬油等與豬有關的一起。可見，白奇郭雖已漢化，但是還保留著一些濃厚的回民特徵。那麼，移居臺灣的白奇郭狀況如何呢？

　　賈福康先生在其編著的《臺灣回教史》中寫道：「明鄭以來隨軍來臺之士兵極多回民，且均定居臺灣，目前臺灣鹿港有數百戶失根的郭姓回民，即所謂『北奇郭』者仍與泉州惠安『北奇郭』之回民村往來不斷，據郭氏族譜記載，郭氏祠堂碑記可為明證，並希望未來總有一天這些失根的回民或可能恢復信仰，回到真主懷抱，這是有待於兩岸穆士林共同努力的」。[②]

---

　　①有記載認為鹿港早期的清真寺是臺灣首座清真寺。在我的田調中也有穆斯林認為臺灣最早的清真寺應該是在臺北的麗水街。究竟臺灣的首座清真寺是建設在何處的尚需進一步的考證。
　　②賈福康編著，《臺灣回教史》，發行機構：臺灣伊斯蘭文化社，民國 94 年，頁 6。

臺灣被稱為「軍中阿訇」的馬學文阿訇也曾訪問鹿港，探求臺灣回教
先民。當年，時任高雄清真寺教長的馬學文阿訇得知臺灣宋元時期即有回
教人士來臺，居住彰化、鹿港一帶，乃於四十七年偕同教親李忠堂哈智親
訪問鹿港，探求真相，事後發文於回協會刊，其意有三：一是臺灣原有回
教人士，由福建漳泉等地移來，在鹿港曾經有清真寺，但教民久已漢化，
清真寺已改作「保安宮」；二是鹿港回教先民大多是惠安、泉州興化人為
多，現在惠安仍有回教村，以郭姓為主；三是此等回教先民仍有六七百
戶，承認自己是回教人，祖先久已漢化等。[1]

圖 1-4　郭先生（左一）代替丁校長管理丁家大宅

筆者在臺灣鹿港做調研時，在丁家大宅進士古厝遇到一位白奇的郭先
生。正值丁校長去大陸訪問，他代理丁校長管理丁家大宅。這位郭先生告
訴我們，白奇郭在祭祖時除了不拜豬肉外，還有點與漢人不同的、比較特
殊的地方。他說：

[1]ibid，頁 233-234。

我們在祭祖時，跟別人家是不同的，主要是在亡靈旁邊放「香」①。

　　這個「香」是用地瓜蒸炸製作成的。一般是串起來幾個，這個祭品別人是沒有的。還有，別人祭祖插香用兩隻香，我們家用三隻香。另外，祖先排位放在神明（向外）的左邊（大邊），與一般民宅的方位也有所不同。

　　白奇郭的這些喪葬習俗是有別於當地漢人的，其中有些做法是與回教的相一致。

　　據統計，當時穆斯林戶數約有 600 多戶。這些穆斯林的後代大多散居在臺灣西岸的城鎮，如鹿港、基隆、蘇澳、淡水、彰化等地，主要以漁耕為生，為臺灣最早之穆斯林。但因長期與中國及伊斯蘭世界的穆斯林社群交流切斷，也缺乏宣揚該教的伊瑪目人才，當地維持伊斯蘭信仰的穆斯林人數並不多。漸漸同化於漢人的宗教、社會傳統中，伊斯蘭信仰

---

①香：從他的描述中，我感覺這個「香」就像是我們西北穆斯林炸的「油香」。「油香」是以麵粉製成大似碗口的圓餅，油炸而成。麵粉中可略放糖，但以開水和麵，揉至麵團出現韌性，再加工形成。由於它只放入植物油內煎炸，人們喜愛那煎炸的香味，就以「油香」名之。

「油香」的來歷來源於穆聖。據傳，穆聖自麥加遷往麥地那時，麥地那穆斯林均準備了豐盛的餐食，搶著邀穆聖到自己家中去。可他只能到一家吃飯，究竟到哪一家好呢？他想了一下說：「我的駱駝停在哪一家門前，我就在哪一家作客」。於是他鬆開自己駱駝的韁繩，自己跟在後面。駱駝在無人安排下，停在阿尤布老漢家門前，阿尤布與其老伴邀穆聖進屋說：「我有上等的麵粉、最好的香油，為您作制可口的飯食，讓油的香味散發到各家各戶，使千家萬戶的親友們都和我一起歡迎高貴的客人的到來。」穆聖接著剛出鍋的油餅，先撕開一塊，分給眾穆斯林，然後大家一起吃。大家要求先知穆聖為油餅起個名字。穆聖想了想，問道：香不香啊？大家說：「沒吃上嘴，就聞到了香味」。穆聖說：「為什麼？」大夥回答，「油炸的香味傳給我們的 。」穆聖說：「好，那麼就叫它油香吧！」大家都說這個名字起得好。以後，油香便成了穆斯林的傳統食品，每逢佳節或紅白大典，穆斯林家庭便會炸油香招待客人。

在後來的發展中油香也變得神乎奇神。有些地方在病人咽氣時為亡人下油，並將新炸的油香插上三支香，尊敬地放在停放亡人屍體屋子的桌子上。也有一些地方的穆斯林在為亡人過七天時，兒女把一個新炸的油香切成七塊，每塊插一支香，燃著恭敬地放在桌上讓亡人吃。還有一些地方的穆斯林婦女在炸油香時，如果油香起得好就說亡人喜歡，如果油香起得不好就認為亡人不喜歡。

所以白奇郭在祭祖時或有人往生時用「（油）香」應該是回教的遺風。

認同也隨之消失。而臺灣首座清真寺也在之後成為祭祀郭子儀的鹿港保安宮。[①]

日本統治時期也沒有穆斯林社群存在的相關記載，穆斯林大都散居於漢人社群中。根據連橫《臺灣通史》記載，20世紀初期的臺灣，不見有伊斯蘭的傳教，穆斯林相當少，大多來自中國。臺灣穆斯林與一般漢人混居而同化於其社群的現象最明顯的例子是前面提到的鹿港郭家漁村。郭家村人自稱其祖先為穆斯林，雖然後代子孫已改信佛教或一般中國民間信仰，並且對伊斯蘭一無所知。然而，他們在祭拜祖先時卻不用豬肉，表示對先祖的尊重，這是一個很明顯的沒有被完全同化的例子。

絕大多數的臺灣穆斯林對伊斯蘭法及教義並不瞭解，因為他們生活在一個非伊斯蘭的環境中。他們中的大多數沒有接受傳統的伊斯蘭經學教育，甚至連古蘭經、聖訓都不知道，更遑論伊斯蘭法。這種現象一直到民國時期對外交通開放後才有所改變。據說基隆也有穆斯林後裔將阿拉伯文的古蘭經供奉在祖先的神案上。這些人並不懂阿拉伯文，也不知那是古蘭經，只認為這是歷代祖先流傳下來的傳家寶聖書。西方學者也發現在臺南地區有幾戶人家在喪葬的禮儀完全遵守伊斯蘭的規矩，亦即洗淨屍體並以白布包裹，但這些穆斯林的後代已完全同化成為一般的臺灣漢人，只不過保留了幾個伊斯蘭儀式的跡象而已。這種同化的現象除因為與伊斯蘭教處於他文化圈中所致，另一個原因是與非穆斯林的通婚而融入漢人傳統中。這顯示早期伊斯蘭雖然隨中國穆斯林而傳入臺灣，但是其傳統卻因為無宣教活動或宗教教育機構而沒有保留下來。

當然，早期臺灣的回教徒中不能不提到的一部分人就是居住鹿港一帶的丁姓家族，他們是來自福建陳埭的丁氏後裔。「鹿港丁氏一族是回族的

[①] 臺灣的第一座清真寺究竟在哪里，這個也是有不同說法的。有說臺灣第一座清真寺是在鹿港，有說在臺北的麗水巷。這個可能還需要做進一步的考證。

後代，來自中國之晉江陳埭。目前可知最早移居臺灣鹿港的為第十六世的丁用……記載沒有透露鹿港丁家為回族後裔，直到兩岸開放探親，丁家回陳埭祭祖後，對照族譜後才發現自己是回族後代，陳埭丁在當地被稱為臭頭丁，祭祖仍保留不用豬肉而用牛肉的習俗。」[1]

鹿港丁家古厝的子孫是回族（阿拉伯人）的後裔。祖先由洛陽遷到蘇州，再遷到福建泉州，定居在晉江縣陳埭鄉江頭村。據丁氏家譜記載：丁世一世祖丁謹乃「賽典赤‧回回瞻思丁」之子或孫。賽典赤‧回回瞻思丁是阿拉伯人，隸屬賽夷（SAYYID）族人，也就是回教教主穆罕默德女婿阿裡的後代，在元朝為官，「瞻思丁」是元朝「縣佐」之官名。一世祖名瑾、字慎思、號節齊。第十世組丁衍夏所修族譜中提到：「由來賽典赤‧回回瞻思丁」。一世祖謹與賽典赤‧瞻思丁有父子或祖孫之關係。因為賽典赤、瞻思丁之子有以丁為姓者。另據中國宗教歷史文獻集成之《清真大典》中記載，泉州回族譜牒資料選編所列丁氏譜牒為：「始祖節齊公，諱謹，字慎思，家事洛陽，因官於蘇州而家焉。節齊公自蘇貨買於閩泉，卜居泉城……」。[2]當一世祖出世時，賽典赤‧瞻思丁年四十一。

圖 1-5
漫畫「來自阿拉伯穆斯林
後裔『陳埭萬人丁』」[3]

---

[1]李昭容著，《丁家大宅》，晨星出版社，西元 2010 年，頁 28。
[2]中國宗教歷史文獻集成之《清真大典》周燮藩主編，合肥：皇上書社，2005 年 10，頁伊 22-378
[3]李昭容，《鹿港丁家之研究》，左羊出版社，民國 91 年 6 月，頁 222。

從丁氏族譜的記載，可以看到陳埭丁氏漢化的過程。「《丁氏族譜》（祖教說）一文記述，儘管丁氏回民已經漢化，但是直至第九世卻居多仍然信奉真主，遵循伊斯蘭教規，基本保持回族風俗習慣。……在陳埭回民，至今流傳著丁氏開始食豬肉的奇巧傳說。據傳丁氏第十二世丁啟浚在朝居官，奸監魏忠賢慾拉攏其參加『魏黨』，浚托故推辭，魏奸為此懷恨而圖謀陷害。一日金鑾朝君，魏忠賢出班啟奏，列出罪狀誣陷丁啟浚，不食豬肉被列為欺君罪之一，帝疑，遂傳旨設禦宴席請滿朝文武官員，席間，浚果然端坐不敢進食，皇上不悅，問其因，浚奏曰，臣先祖忌食豬，故臣亦禁之，今實為難，不食欺君，食則背族，帝感浚坦誠，遂賜食豬肉，從此陳埭丁氏全族開始吃豬肉。這一傳說，並非民族風俗習慣廢弛的真正原因，而是只能作為丁氏養豬、食豬的一種微妙解釋」[1]

鹿港丁氏開臺人，十八世祖樸實公，就是陳江丁姓人氏（福建泉州府晉江縣陳埭鄉江頭村），於清朝道光五年，攜年僅十三歲的四子克家公到臺灣。到臺之初父子兩位在碼頭跑單幫，後來從販賣雜貨到經商，置屋（今中山路 92、94、96 號），經營（船頭行—貿易商），與大陸沿海做買賣，堂號「協源」就此在鹿港定居下來。

當年樸實公攜子來臺，是為了「入風隨俗」，就依漢人拜祭祖先，延續至今。經商致富的丁家人重視子弟教育，清光緒年間就有丁壽泉考上進士，後又回臺灣在白沙書院擔任院長。[2]

---

[1] 黃秋潤，「泉州陳埭丁姓、白奇郭姓回族習俗的演變」，載於雲南少數民族古鎮整理出版規劃辦公室編，《回族史論集》，昆明：雲南民族出版社，1989，頁 506。
[2] 資料源自鹿港丁家大宅網站。

圖1-6　丁家大宅

「丁家人定居鹿港已有一百多年，唯一與回族勉強畫上連結的只有五官中的鼻子較不同，……鼻子都較一般人挺直，但生活習俗及其他外貌無屬回族人的特徵。換言之，丁家移民鹿港後，回教種族的因素逐漸淡化，相對於今日中國陳埭丁氏而言，有相當大的差異，陳埭丁氏受少數民族保護政策影響，有文化復振興歷史記憶再創造的現象。」[1]

丁家大宅格局是「三坎五落兩過水」，一間店面稱為「一坎」，三坎即指三間店面，兩落間的廊道為「過水」，也有稱是「三坎三進二院」建築，包括店面、一深井、一照廳、一中井、一大廳。丁家大宅有一百多年歷史，依稀可看到當時從大陸運來的花崗石板、磚瓦、杉木等，第二進四合院中門廳兩旁的木屏彩繪，是出自彩繪大師郭友梅之手，泥塑則有「孔明夜進出師表」「狄仁傑望雲思親」等耐人尋味。在丁校長外出處理公務或觀光期間，前面提及的由郭先生代為管理丁家大宅的事務。郭先生也一再強調，現在丁家的生活與漢人的一樣，沒有什麼區別，不像白奇郭姓還在祭祖時保留著不拜豬肉的習俗。

---

[1] iIbid，頁28。

圖 1-7　在丁家大宅訪問丁校長

因丁家現在的習俗與當地漢人無異，故以後不再述及。但是，丁姓作為回民後人的歷史是不能忽略的。

第二，隨國民黨來臺的穆斯林

臺灣穆斯林發展的第二階段是在 1949 年，大約有兩萬多位穆斯林（或稱七萬多人），隨著國民黨政府撤退而來，主要集中在臺北、臺中、高雄等大都市，這些穆斯林大部分是國民黨員，並從事公職，尤其是軍旅與外交、國會等重要部門。他們到臺灣後，形成一個穆斯林少數群體的社群。在「忠黨愛國」、「政教分離」、「尊崇儒家」的口號下，伊斯蘭在臺灣的發展並無實質的表現。這些所謂現代化（或世俗化）的穆斯林，對於伊斯蘭在臺灣的發展並無直接作用，這或許是在大環境政治壓力下的一種妥協。根據西方學者的觀察，伊斯蘭基本的五功（念、禮、齋、課、朝）等宗教傳統似乎沒有被全然地遵守，宗教儀式對穆斯林個人亦無多大約束。

圖 1-8　臺北清真寺

　　另外，1954 年也有一批自滇緬邊區遊擊部隊撤退來臺或自行移民的雲南穆斯林，聚居在臺北中和、永和及中壢龍岡等地，以眷區型態維持本身信仰。

　　1950 年代至 1960 年代，因為 20,000 多名穆斯林與白崇禧推動下，本來跡近絕滅的臺灣伊斯蘭教，有了一定程度的復興。1980 年代以前，更因臺灣與許多中東國家的政經交往密切，穆斯林人數呈現一定發展，從 20,000 人增長到 50,000 人。[①]

　　1980 年代後，因為種種因素，臺灣的伊斯蘭教發展開始走下坡，信仰人數無所增長。2003 年的美國國務院報告顯示臺灣全境約有 53,000 人（0.2%）為遜尼派穆斯林。「中央研究院」社會學研究所研究員瞿海源所著《臺灣宗教變遷的社會政治分析》一書中則認為現今臺灣穆斯林約占 1%。[②]臺灣「回教協會」馬孝祺祕書長估計臺灣本土的穆斯林約一萬人左

[①]資料參見 http://www.norislam.com/（2011 年 4 月 2 日）。
[②]瞿海源著，《臺灣宗教變遷的社會政治分析》，臺北：桂冠圖書出版公司，1997 年，頁 5。

右，其他大多數為外國人，這些人來自馬來西亞、印尼、泰國、緬甸等國。臺北大清真寺的建立似乎並沒有帶動伊斯蘭在臺灣島內的傳播發展。

臺灣穆斯林的組織除「中國回教協會」外，「中國回教青年會」是另一個機構，成立於中日戰爭時期的中國東北地區，主旨在團結穆斯林青年參與戰爭。根據觀察，「中國回教青年會」成員似乎比「中國回教協會」的成員更為漢化，尤其在禮拜宣教時儘量採用中文，並且也採納漢人民間的一些傳統風俗，如喪禮等方面。中國回教青年會在臺北建有文化清真寺，雖不具規模，卻有對青年做文化宣傳的功能。雖然中國回教協會與中國回教青年會皆未曾積極對外傳教，但仍有一些改宗者，主要途徑是通婚。然而，改宗者是否成為一個全然的穆斯林，力行伊斯蘭教義、法規等，則值得探討研究。畢竟在臺灣無法像在其他伊斯蘭國家中有集體的社群壓力以規範改宗者全然地改變宗教信仰與生活。

伊斯蘭教在中國很少有統一的現象。各地方的穆斯林社群皆源自不同地區，而且中國伊斯蘭教在內地與邊陲地區在本土化發展過程中亦有深淺之分，因此對宗教儀式的把持與教義的詮釋更會有所出入。在軍閥時期或抗日時期，整個中國的穆斯林社群是分裂狀況。這種因政治理念不同而分裂的現象亦隨國民政府帶入臺灣。臺北清真寺足夠容納臺北市穆斯林作禮拜所需，然而又有文化清真寺的產生，無疑是地方派系所致。臺北清真寺與北京牛街清真寺的阿訇（Akhund）體系有直接關係，而文化清真寺的主持者則來自東北瀋陽之穆斯林社群，基本上這二個社群的宗教人士對伊斯蘭的認知不同，尤其在所謂現代化的議題上。

臺北大清真寺和文化清真寺兩寺衝突分裂的原因是政治力量的介入。臺北大清真寺建立之初衷在接待穆斯林國家的重要外賓，更是對外國際政治關係運作的工具，固定接受政府及國民黨的補助，因此有如半官方的機構性質。文化清真寺則完全由私人捐款建蓋，是屬於「人民的清真寺」，

比較不在乎與政府配合而專注於宗教活動。因此，文化清真寺的成員常指責臺北大清真寺的支持者為政治的附庸而缺乏伊斯蘭精神信仰的修持。在儀式方面，臺北大清真寺與文化清真寺的宗教活動也有歧見，特別是在節慶、喪禮的儀式方面。臺北大清真寺因為與阿拉伯國家較有接觸，1970 年中，清真寺伊瑪目（教長，Imam）由華裔沙烏地阿拉伯籍宗教學者馬吉祥擔任。沙烏地阿拉伯自建國以來就強調執行瓦哈比（Wahhabiyyah）之原教旨主義（Salafiyyah）實行嚴苛的漢巴裡法學派（Hanbalism）。因此常常對非阿拉伯式的伊斯蘭儀式、傳統予以批判。臺北清真寺的支持者在沙烏地阿拉伯籍伊瑪目的帶領下，似乎較傾向中東的伊斯蘭教義、儀式的實踐。而文化清真寺的伊瑪目在主持儀式時，常會採取漢人的民俗傳統，如拿香祭拜、為亡者走墳及念古蘭經拿錢等。臺北大清真寺所舉行的宗教儀式在與阿拉伯國家接觸後（派遣經學生到沙烏地阿拉伯、利比亞留學，研習伊斯蘭經學），對傳統中國穆斯林所遺留下來的儀式有所謂淨化的傾向，尚有一些外在政治力量的介入，導致兩寺的較勁衝突。然而，隨著時間消逝、主事者的去世，文化清真寺步入凋零，甚少本地穆斯林前往做禮拜，只有一些東南亞外勞，或南亞穆斯林以此作為其社群活動場所。①2010 年，張明俊董事長開始進行重新整改，文化清真寺又以嶄新的面貌開始迎接穆斯林在這裡禮拜及開展其他的活動。

第三，泰緬歸僑穆斯林

因為清末回民事變導致清廷大規模屠殺，雲南的穆斯林藉由商貿通道逃至泰緬避難，進而定居；而後自二次世界大戰到中華人民共和國成立，雲南籍穆斯林因為無法返回故鄉，或是因戰亂逃離中國，加上部分國民政府的遊擊隊軍人與眷屬，有更多的人紛紛進入緬甸與泰國境內。四、五十

①資料參見 http://www.norislam.com/（2011 年 6 月 15 日）

年的時間，發展至今雲南華人穆斯林已有第三、甚至第四代的出現；再加上早年因商貿而移民的人，形成僑居泰緬、祖籍的東南亞穆斯林社會。[1]

另外，從 1954 年始，由於各種原因，泰緬的華人穆斯林開始遷徙至臺灣的規劃與行動。當時，臺灣的開放環境以及上升的經濟吸引了華僑自僑居地遷徙而來。他們來後大多居住在中和、永和及中壢、龍岡等地，以眷區形態維持本身的信仰。在中壢等地形成聚落自泰緬來臺的游擊隊軍眷們，其中包含穆斯林。穆斯林需要清真寺做禮拜，前往臺北清真寺距離又甚遠，因此便興起興建清真寺的想法。民國五十二年，由退役軍人馬興之、王文中及軍眷薩李如桂、馬美鳳以及忠貞眷村十餘戶教胞集議，在龍岡地區建築一小型清真寺，以應需要。乃於民國五十三年向各地教胞募款購地三百九十坪，於現今中壢市龍東路 216 號先建禮拜堂一間，可容一百五十人禮拜，繼建客廳、浴廁等。但二十餘年後，屋瓦鬆動，於民國七十七年開始第一期重建工程，最終於民國八十四年完成第二期重建工程，遂成今日之規模。[2]

雲南穆斯林來到臺灣，除了在中壢忠貞的聚落，在中和新華街、興南路一帶也聚集著大量的緬甸華僑，華新街更素有「緬甸街」之稱。當地開設至少五、六間由雲南籍穆斯林經營的餐廳，提供緬甸式、印度式清真料理，以便穆斯林日常所需。而緬甸華移民們偏好聚居在中和地區，是因為早先已有在臺的緬華親友住在中和地區，於是自己來臺後順理成章被親友安排搬遷至此地，以便在人生地不熟的情況下，彼此間有個照應。[3]而如今中和地區的穆斯林約有一百五十戶左右。[4]

[1] 姚繼德、李榮昆、張佐著，《雲南伊斯蘭教史》，昆明：雲南大學出版社，2005，年頁 189。
[2] 保健臣，《龍岡清真寺簡介》，收於《中國回教》雙月刊第 271 期，臺北：中國回教協會，2001 年，頁 15。
[3] 翟振孝著，《經驗與人體：中和緬華移民的族權構成》，頁 35。
[4] 轉引自於嘉明，碩士論文《在臺泰緬雲南籍穆斯林的族群認同》，頁 17。
伊斯哈克．馬著《開設臺北清真寺北縣穆斯林文教活動中心計劃記事》，收於《中國回教》，

以上不同時段、不同群體的穆斯林構成了當今臺灣穆斯林。當然，其中鹿港的郭姓因為其信仰的消失已不能算在內了，但從歷史的角度看，作為曾經的穆斯林是不能忽略的。嚴格來講，與伊斯蘭中土（中東地區）相比，臺灣似乎只有穆斯林，而無伊斯蘭。臺灣內政部的調查資料，1970 年代以來，穆斯林人口銳減，正式登記的穆斯林人口只有兩千多人。早期相當多的年輕穆斯林前往阿拉伯國家留學。如今，新生代的穆斯林則少有意願者，導致各清真寺的伊瑪目大多非本國籍。各地清真寺也成為少數虔誠穆斯林的宗教活動空間。主麻禮拜[①]（星期五的聚禮）時出現在清真寺者，外國籍穆斯林多於臺灣本土穆斯林，而本土穆斯林老人多於年輕者。步入 21 世紀，臺灣的穆斯林社群呈現衰微現象，伊斯蘭的傳統似乎逐漸凋零，不少新生代穆斯林出教，甚至改宗信仰其他宗教。不少人到中國大陸定居，或移民到別的國家，這也是臺灣穆斯林社群萎縮的原因。雖然，中國移民來的穆斯林人口遞減，但是外籍的穆斯林透過通婚，或是經商、工作定居於臺灣，逐漸形成一個新的穆斯林社群。但新、舊社群之間未必有交集。[②]

　　原本遷臺的五萬名穆斯林，經過數十年的發展，人口不但沒有增加，反而還出現減少的趨勢。理論上，伊斯蘭教採行家庭世襲制，理應隨人口自然成長而增加。但根據臺灣行政院主計處及中國回教協會的統計，皆顯示穆斯林人口逐漸減少。中央研究院社會學研究所研究員瞿海源《臺灣宗教變遷的社會政治分析》一書也提及，「現今臺灣穆斯林約只剩下兩萬人。表面上說是五萬人，實際上如果有十分之一的穆斯林，能定期來參加

雙月刊第 278 期，臺北：中國回教協會，2002 年，頁 29。

　[①]主麻日：是伊斯蘭教聚禮日。穆斯林於每週五下午在清真寺舉行的宗教儀式。主麻一詞系阿拉伯語「聚禮」的音譯，其儀式包括禮拜、聽念「呼圖白」（教義演說詞）和聽講「窩爾茲」（勸善講演）等宗教儀式。

　[②]資料參見 http://www.norislam.com/（2011 年 4 月 7 日）。

每星期的主麻聚禮，就謝天謝地了。」曾任臺灣回教協會祕書長的馬孝祺先生不無憂慮地說：「在臺灣是招不到滿拉的，沒有阿訇學校，阿訇是從泰緬聘請的」。

馬來西亞的華人穆斯林

馬來西亞是一個以馬來人、華人、印度人三大民族為主的多元民族國家。據統計，馬來西亞全國各主要族群與人口狀況大致如下：

表 1-1　1970 年馬來西亞各族群與人口統計

族群	總計	百分比
總計	8,810,348	100
馬來人	4,685,838	53.2
華人	3,122,850	35.4
印度人	939,629	10.6
其他	69,531	0.8

資料來源：R.Chander,Banci Penduduk dan Perumahan Malaysia 1970
（Huala Lumpur：Jabatan Perangkaan,1972）Table Ⅵ，6

2001 年該國全國人口為 2252.9 萬，其中人口最多的是馬來人為主的當地土著民族，為 1488.6 萬人，占 66.07%；華人是第二大民族，當年有 572 萬人，占 25.39% ；第三大民族是印度人，有 167.1 萬人，占 7.42%。[1]

---

[1]參見 Department of Statistics, Monthly Statistical Bulletin Malaysia, January, 2002 p. 7。

表 1-2 　2007 年馬來西亞各族群與人口統計

族群	總計（ ’ 000）	百分比
總計	27,173,6	100
馬來西亞公民	25,265.8	92.97
土著	16,768.0	61.7
馬來人	13,773.1	50.68
非土著	2,994.9	11.02
華人	6,287.9	23.13
印度人	1,883.9	6.93
其他	326.1	1.2

資料來源：Department of Statistics,Social Statistics Bulletin,Malaysia 2007

　　到了 2007 年，總人口增至 2700 萬，馬來人占 54.7%，華人 23.0%，非馬來人土著 11.0%，印度人 6.9%及其他 1.2%[1]。我們從這幾年的人口統計數據中可以看到，馬來人口在增長，而華人人口在減少。

　　由人口的分布概況可以看出，由殖民地開始，不同族群的人就在地理上有了分隔的現象發生。馬來人大部分集中在東海岸及北部。非馬來人，尤其是華人，集中於西海岸。另外一點，馬來人大多集中於鄉村地區，而華人則集中於城市[2]。

　　伊斯蘭教是馬來西亞的國教、亦是馬來人信仰的宗教。馬來人從出生之日起就通過自然傳承和社會化過程而成為伊斯蘭教徒，即穆斯林。華人則主要信奉傳統宗教如佛教、儒教、道教等。信仰其他非傳統宗教的只是

---

[1]資料來源：Department of Statistics,Social Statistics Bulletin,Malaysia 2007。
[2]總編輯：戴小華，主編：張景雲，《當代馬華文存》（政治卷，80 年代）馬來西亞華人文化協會出版，拿督林金華局紳助印，2001 年 9 月，頁 187。

極少數人，其中皈依伊斯蘭教而成為華人穆斯林的現在成為構成馬華穆斯林的人群之一。

「馬來西亞憲法第十一條雖然規定人民有信仰宗教的自由，可是，憲法第三條第一款卻明文規定回教是馬來西亞聯邦的宗教（Islam is the religion of the Federation）。就實際情形而言，信仰回教的人口不僅包括所有的馬來人，還包括該國其他的土著（原住民）及上述的華人。因此，據大馬政府的統計，馬來西亞信仰回教的人口比例高達 60.4%，有如此高的回教信仰人口，就知道回教在馬來西亞的重大影響力」。[1]伊斯蘭是一種生活方式，馬來西亞信仰伊斯蘭的華人，不僅僅是接受一種新的宗教，更是進入了一種新文化、採納了新的生活方式。到 2011 年，在馬來西亞的華人穆斯林約六萬人。雖是少數，在馬國社會中卻是一個獨立的團體，他們的組織為「馬來西亞華人穆斯林協會」。作為跨越華人社會和馬來社會的華人穆斯林，其面對的文化衝擊是雙重的。在我們的調研中注意到，這部分群體在文化及祖先認同上是華人，但是在宗教認同上卻是作為馬來西亞國教的伊斯蘭教。所以，兩種文化交織在一起、兩種可能的衝突糾結在一起，使得華人穆斯林在馬來西亞社會中成為一部分令人關注的群體。

馬來西亞為多民族多宗教的國家，而其政府亦為多元體系之政府。從種族上看，華人人口為六百萬人，占馬國全國人口數近百分之三十。[2]從整個世界來看，馬來西亞可以說是除中國之外，有最多華人之國家，也是華人文化最濃鬱的地區之一。在馬來西亞，由於民族與宗教是息息相關的，而且深刻地影響各個面向，諸如經濟、社會、政治等等。因此，以巫人（馬來人）為核心的馬來文化，在打造馬來西亞國族運作上，就具備排

---

[1]顧長永著，《馬來西亞：獨立五十年》，臺灣商務印書館股份有限公司出版發行，2009 年，頁 26。

[2]Department of Statistics,Social Statistics Bulletin,Malaysia 2007。

他性。「在馬來西亞，幾乎所有馬來人都是穆斯林。」①儘管伊斯蘭教是馬國之國教，且在政治、文化上居於主導地位，但伊斯蘭教徒卻非人口的絕對多數，馬來人為穆斯林者，占馬來西亞總人口數的百分之五十。而身為最大少數民族的華人，有著各式各樣的宗教信仰，其中僅有少部分人信仰伊斯蘭教。我們在檳城的街頭可以看到眾多的清真寺、各式各樣的華人廟宇、印度神廟等。儘管伊斯蘭教是馬來西亞的國教，但這個國家卻處處顯示出多元文化的和睦共處。

　　20 世紀 60 年代始，馬來西亞當局也鼓勵大批華人入教。但是他們缺乏華人宗教師資，曾求助於臺灣和麥地那。在臺灣穆斯林學者賈福康的《臺灣回教史》中所記述的馬學文阿訇的生平事略中有這樣的描述：「馬學文阿訇年近半百求學心切，留學麥地那，學成赴馬，終得如願以償」——「一九六二年（民國五十一年）學文阿訇年已四十四歲……以第一屆留學生團團長名義，率同其他四位同學入麥地那伊斯蘭大學先修班就讀，結果七年苦讀，阿訇阿文造詣已深，熟讀各家經書，開口講經，滔滔不能自止……正在此時，馬來西亞鼓勵大批華人入教但缺乏師資，麥地那當局徵求阿訇意見赴馬傳教，於是馬學文阿訇遂應聘而往。」②

　　「赴馬定居，結婚成家，堅守主道，安享天國」——「學文阿訇赴馬往住吉隆玻，由於宣教會負責人王爾勵博士為華人，故傳教工作非常順利……」③可見，在當時馬來西亞政府是鼓勵華人進教，而且也有一些華人願意改教為伊斯蘭教，才會出現對華人阿訇（懂華文會華語）的需求。

---

　①賽·胡先·阿裏著，賴順吉譯，《馬來人的問題與未來》，策略諮詢研究中心，2010 年，頁 47。
　②賈福康編著，《臺灣回教史》，發行機構：臺灣伊斯蘭文化社，民國 94 年，頁 234。
　③ibid，頁 234。

圖 1-9　馬來西亞檳城清真寺

　　根據學者們的研究以及田野調查發現，在馬來西亞的華人穆斯林大致
有以下幾種情況：

第一、本身就是穆斯林

　　從伊斯蘭宗教史的角度來看，華人穆斯林與其馬來教親之間，曾有很
友善的關係。這種關係最早可追溯到明代鄭和踏上馬來西亞國土。往後將
近五百年的歲月裡，華人穆斯林從閩粵、海南、雲南等地來到馬來亞。他
們發現在馬來西亞很容易生存，在宗教方面亦相處融洽。探究其主要原
因，應在馬來人所信奉的伊斯蘭教，其教義頗與儒家文化近似。[1]據說第
一個定居於馬來西亞的華人穆斯林，有回回的傳統與血統。

　　無論是在早年還是在近現代，都有一些華人穆斯林移居馬來西亞。早

---

　　[1]馬明良、馬維勝，《伊斯蘭文化與儒家文化人生價值觀之比較》（上、下），臺北：《中國回教》，期 227、228，民 83.2.28、4.30。

期移居馬來西亞的穆斯林大多是來自中國的閩粵、海南、雲南等南部或地區。現代移居馬來西亞的華人穆斯林的移出地發生了大的變化。此次我們在馬來西亞的調研也注意到，這些現代移居馬來西亞的穆斯林，從上個世紀八十年代以來就開始了。除了上述閩粵、海南、雲南等地外，更有來自中國甘肅、青海、四川以及新疆等地的穆斯林，他們中以回族居多，也有維吾爾藏族、哈薩克族等穆斯林。在馬來西亞大家更傾向於以穆斯林的身分在一起，也就是在這裡體現出的是有教無族的意識。

與臺灣穆斯林有一個相同的人群構成，即馬來西亞也有來自福建的郭氏子民。這些郭姓回民的情況與臺灣目前郭氏的情況有著類似之處。在檳城的調研中，我們訪問了駱氏同宗社的執行祕書駱 JX 先生。他也談到了早期來自福建泉州、惠安的郭氏回民。駱先生說：從惠安或泉州遷來的郭姓他們是生前可以吃豬肉拜豬肉，但是往生了就不行。所以，他們在祭祖或辦喪事時是不用豬肉的。但是，平時的生活跟我們一樣。

在檳城，我們訪問了一位白奇郭先生，他的自述讓我們很有感觸：

圖 1-10　於檳城訪問白奇郭先生

我們的祖先是從阿拉伯來的，你看我的眼睛是有點發藍吧（他指著自己的眼睛讓我看，的確是發藍的）。眼睛發藍說明我們的祖先是阿拉伯人。我們郭姓中拜豬肉的那部分現在的生活都挺好的，但是我們不拜豬肉的都不怎麼樣。我們的女兒嫁出去後，男方家就都好了。自己的媽媽祭拜祖先和他們現在祭拜時一樣的（祭品是沒有豬肉的，就是雞、蔬菜、炒麵、水果等；但是祭拜祖先的用具和做吃的灶具是專門的，不能用平時用的，因為平時吃豬肉）。他的兩個兒媳婦，一個是基督徒；一個是泰國的，信佛，每天都去拜佛，但是到現在都沒有自己的孩子。所以，以後祭祖的事情就不可能像我們這樣的不拜豬肉了。

我自己，我告訴兒子，我死後就火化然後撒入大海，祭拜時只要在海邊就可以了，不管是哪里的海，那個靈骨塔還要花錢。[①]

　　從與另一位郭先生的談話中，同樣讓我感受到他對回族祖先的認同，以及對檳城的白奇郭姓吃豬肉的另類解讀：

我們是白奇郭，就是在祭祖方面不拜豬肉、在家裡有人亡故時不用豬肉，其他時候是吃豬肉的。我們家以前住在板房時，門口也供奉天公，家裡有祖先牌位。現在我家裡是供奉祖先牌位。聽我媽媽講，她年輕時做工，有時忙的忘了是祭拜祖先的日子，就吃了豬肉，結果嘴角就潰

50

頭巾下的穆斯林
甘肅、臺灣與馬來西亞檳城穆斯林女性的田野調查及理論思考

①檳城報導人 GQL 先生口述（來自檳城），2011.4.27。

爛。這可是真的，我母親親口給我講的。

　　我的長輩說：我們的祖先剛來這裡是都是做苦力的，如果不吃肉就沒有力氣幹活，就變成了為了生存在生前是可以吃的，但是死後就不能吃了。

　　這就是為什麼往生了就不能拜豬肉，祭拜祖先也不能用豬肉。

　　以前家裡有人過世，一周不能吃豬肉，現在就不講究了，就是當天不吃而已。

　　郭先生對於郭姓現在吃豬肉的解讀是我們聽到的另外一種說法。這種解讀應該說也是他們對自己祖先開始吃豬肉的一種合理解釋。儘管今天的郭姓回族人已經漢化，不再信仰回教，不過他們在喪禮及祭祖時，均禁用豬肉。現在在檳城的白奇郭姓除了祭拜祖先和家中有人亡故了不拜豬肉外，其他習俗都與漢族一樣，所以也不是真正意義上的穆斯林。

第二、因婚姻而皈依伊斯蘭教

　　婚姻是反應民族關係的一個因素，馬來西亞華人中有一部分成為穆斯林是因為婚姻而皈依的。在臺灣學者鄭月裡的研究中，注意到，從過去到現在，在馬來西亞，結婚一直被認為是華人皈依穆斯林伊斯蘭教的重要因素之一。過去，華人皈依伊斯蘭教的不多，據說「只有在蘇門答臘島北部亞齊 Atjeh，當地華人為了與當地回教婦女結婚，而改信回教，因而同化於當地土著社會。唯該處華人之全被同化，與華人人數甚少也有關」[1]不論是嫁或娶異教徒或非教徒，必須皈依才可以結婚。這種通婚的模式，常引起家長的反對[2]。特別是在華人家庭裡，往往還會引發一場家庭革命。早

---

[1]李恩涵著，《東南亞華人史》，五南圖書出版公司印刷，民92，頁683。
[2] Osman　Bin Abdullah Chuan Hock Leng, Interaction and Intergration of Chinese Muslims,

期也曾發生穆斯林婦女自願離教與華人結婚的，或者華人娶了馬來西亞女子為妻而皈依伊斯蘭教的，待結婚後再雙雙脫教，恢復原來的信仰。不過用這種方式達到結婚目的的，現在已經少之又少。主要原因是伊斯蘭教的行政機關已經現代化了，能夠有效地管理所有的穆斯林，一經目的達到後脫教的人，可能被告上伊斯蘭法庭[1]，也會被穆斯林公認為叛教的行為。[2]

第三、因經濟因素而皈依伊斯蘭教

在馬來西亞華人中還有一部分穆斯林是因為經濟因素皈依的。1960-1970 年左右，馬來西亞確實曾有許多教育不高和低收入的華人改信伊斯蘭教的。他們認為在名義上信仰伊斯蘭教是一個不錯的交易，因為藉此可以獲得政府經濟上的某些獎勵，或者想要享有特權。如：便於申請營業執照、駕駛執照、開計程車執照等，更方便找個好工作。當時馬來西亞建國後，第一任總理東姑阿都拉曼與華人伊斯蘭領袖馬天英，為了鼓勵華人信仰伊斯蘭教，的確提供入教者很多的福利。那個時候確實有很多華人因而改信伊斯蘭教，獲得很多的福利。這個優惠措施在實施一年後，因馬來人的強烈反對，優惠條件便大大降低了。根據鄭月裡的調查，近年來華人入教的很少以經濟利益作為價值取向的。[3]我們在馬來西亞的調研也發現，現在華人皈依伊斯蘭教的主要是因為婚姻的緣故，這是皈依者的主流。

第四、其他因素

如教育因素、同鄉或同學的影響等因素。就教育方面而言，馬來西亞政府對馬來人上學、特別是接受高等教育實行優惠政策，這對包括華人在

Malasia:University Malay,1996/1997，頁 149-151。

[1]林水濠、駱靜山合編《馬來西亞華人史》，雪蘭莪：馬來西亞留臺校友會聯合總會出版，1984 年，頁 174。

[2]夏誠華主編《海外華人研究論文集》，鄭月裡：中國傳統與馬來西亞華人伊斯蘭信仰，2005 年，頁 79。

[3]夏誠華主編《海外華人研究論文集》，鄭月裡：中國傳統與馬來西亞華人伊斯蘭信仰，2005 年，頁 76-78。

內的其他族群就是不公平的。華人子女若想接受良好的教育、尤其是高等教育就要入教，而且要摒棄華人的姓名，這是許多華人很不情願的事。尤其是對父親而言，他們大都不願意捨棄華人的姓名。因此在與馬來人享受同等教育和利益的權益方面，就很容易被排斥在外。

但在今日，當人們在馬來西亞談到華人穆斯林，總是認為華人改變宗教信仰而信伊斯蘭教，是為了一些贈品或福利；或與馬來人結婚因為婚姻關係而改教亦是為了自身的一些利益等。事實上，為了自己的生活或其他原因改信伊斯蘭教的情況當年確曾發生過。隨著社會的進步，此種以外在因素影響內在信仰的做法，已日漸減少。

應該說，儘管地域不同，但共同的信仰使得在馬來西亞的華人穆斯林數目在逐漸增加。這其中的一部分就是前面提到的因為各種原因的改教者。「關於改教的解釋，直到最近，在社會科學中占主導地位的都是贊同宗教學者所喜歡的解釋，即認為人們改教主要是因為他們被特別的新教義所吸引——分歧只是在於這種吸引中理性的角色。社會科學家常常把宗教教義的吸引來歸結為非理性的和令改教者痛苦的，常常指潛意識的失落和恐懼。宗教學者們則強調理想的角色，改教者認識到一個教義比了一個教義在神學上優越」[1]從我們在馬來西亞對改教者的調研中發現，他們中的大多數都是較為理性的改教者，有一些是在結婚前就已經信仰了伊斯蘭教。

自從 1960 年代以來，馬來西亞政府實行對非穆斯林人口的「改宗」政策——就是勸非穆斯林改信伊斯蘭教。當這樣的傳教運動展開之時，除了動員當地的回族華人，將伊斯蘭教拓展至華人社群之中，馬國政府亦要求臺灣的穆斯林團體協助，以便利用華語來推動傳教活動。即使當時的計

---

[1]Rodeny Stark and Roger Finke,Acts of Faith:Explaining the Human Side of Religion,University of California Press。P.115

畫並未得到一個完滿的結果，但兩國的關係因為穆斯林而益形彌篤。這一來，馬華中的伊斯蘭信徒可以同時與馬來文化和中華文化相融合。

按照馬來西亞華人穆斯林學者王 LL 博士說的，那時候都不是歧視，可以說是仇視。她給我們講述了一個她自己親自經歷的事情：

> 十年前，華人入回教在華人社會中是被歧視，甚至是仇視的。我剛嫁到馬來西亞的時後，有一天，去菜市場到一個華人市場買雞。當時，為了做生意，每個賣雞的華人店鋪都雇了一位馬來小夥，當有馬來人來買雞時就讓這個馬來人來宰雞。
>
> （馬來人不吃華人或他族宰的雞）當我挑好雞後，店鋪女老闆就問要不要殺（回民是不說殺的，只說宰）。我說：就讓那個馬來小夥給宰吧。那個店鋪老闆說：你不是華人嗎？怎麼要馬來人來殺，不賣給你了！

王 LL 博士說這件事情對她刺激很大。說明在那個時候華人信仰伊斯蘭教是不被接受、是被歧視的。王 LL 博士說她為了此事哭了四天。由整個事件看來，當時華人認為：「回教徒就是馬來人，華人信奉回教，就等於是馬來人了」。

有些華人對伊斯蘭教不瞭解，把馬來人和伊斯蘭教畫上了等號，所以覺得信仰伊斯蘭教的都是馬來人，認識有偏差。現在隨著人們交往的頻繁、資訊的便捷等，華人對回教也有了新的認識，特別是有些回到中國探親或做生意後，發現中國也是有回教的，並非只有馬來人信回教。所以，有些華人觀念也在慢慢轉變。

其實在馬來西亞的華人穆斯林還面臨的一個問題是來自馬來社會的。

作為馬來西亞華人穆斯林的王 LL 博士講述了她自己女兒經歷的一件事：

> 王 LL 博士的女兒在一個公司工作，齋月期間，白天上
> 班，下班時，公司裡就為大家準備了晚上吃的便當，穆斯
> 林下班時可以拿取一盒。第一天下班時，我女兒就拿了一
> 盒，那個管理的馬來人似乎不解地多看她一眼；第二天，
> 那裡就豎了一個牌子，上面寫著：「ONLY FOR
> MUSLIN」，我女兒下班時依然拿了一盒；第三天時，她
> 又過去拿便當，那位主管就告訴她說這是只給穆斯林的，
> 女兒說：我知道。但是她心裡對這件事是很生氣的。[①]

這個案例說明，作為一個華人穆斯林在馬來人眼中也是不同的。可能在部分馬來人的意識中，信仰伊斯蘭教是馬來人的事情。即使有了改教者，在一些人的觀念中認為也是有目的的，所以，也是戴有不同程度的輕視。王 LL 博士說我們馬華穆斯林也是華人，她的朋友到她家裡來，她會做中國餐，讓他們看到信回教的人也並非全是馬來人，而是有著中國文化的穆斯林。

王 LL 博士其實想讓更多的華人知道，信仰伊斯蘭教的並不是都是馬來人，華人也是有信仰伊斯蘭教的。馬來西亞文化名人及「名嘴」永樂多斯博士也說：「新馬的華人，甚至馬來人常有一個錯誤的印象，誤以為回教是馬來人的宗教。我常對馬來社會說，回教不是從馬來人開始的，馬來西亞是在 14 世紀才有回教，中國早在 8 世紀就有回教，比馬來西亞還早了 600 年。我覺得華人對回教徒常會有些恐懼感，這是由於受到西方社會對

[①] 吉隆坡報導人 WLL 博士（來自吉隆坡），2011.4.30。

回教徒抹黑的影響。讀《可蘭經》的人都知道，回教強調的是 Salam（平安），《可蘭經》勸告人們，沒有原因不要去打仗，敵人若投降了，也不要去追擊別人。我覺得不論任何宗教出發點都是好的，有餘力的話，也應去瞭解別人的宗教，就好像文化一樣，除了自己民族的文化，也應去瞭解別人的文化，最重要的是，要以寬容的眼光來看事情。」[1]

　　馬來西亞華人穆斯林協會主席馬琦先生認為，每個人都有權力選擇所要信仰的宗教。他說，由於對回教產生誤會，很多華人家庭認為家人可選擇任何宗教，就是不能信奉回教。他們已將穆斯林和馬來人劃上等號，認為穆斯林就是馬來人，但這不正確。

---

[1]資料引自：張曦娜（專訪）「異域一顆星，回儒一座橋」，載於《聯合早報》。
中國回教在臺灣網 http://tw.myblog.yahoo.com/tjq168/article?mid（2011 年 6 月 15 日）

歷史視野中的三地穆斯林

　　從甘肅、臺灣及馬來西亞的華人穆斯林歷史可以看出，三地穆斯林的歷史與發展是不盡相同的。如前所述，中國的西部地區回族的來源，最早可追溯到唐代。甘肅境內絲綢之路的各條通道，則是一部分使節和商人從陸路來中國的必經之路，其中落居河西地區者，仍不乏其人。唐、宋之際，以經商為目的、沿著絲綢之路進入甘肅的大食穆斯林，是甘肅回族最早的先民。阿拉伯人通過路上絲綢之路來到中國的西部地區，臨夏八坊回族聚居區長期流傳下來的口碑資料也說，唐代曾有十個大食穆斯林從絲綢之路甘肅境內隴西段來到臨夏（時稱河州），後身亡葬於該地。這些大食穆斯林應該說是甘肅回族最早的來源。到了唐末，有史料記載，今天甘肅的張掖、武威及寧夏回族自治區的靈武縣，已有回族先民居住。在這些回族穆斯林已經積奠了深厚的歷史，為以後回族穆斯林的發展奠定了歷史基礎。

　　如前所述，臺灣的穆斯林是從鄭成功開始，當時一些福建的穆斯林家族隨著國姓爺進入臺灣，其中有部分福建穆斯林也隨同登臺。接著，又有一些隨著施琅將軍進入的大陸穆斯林，主要是以郭氏家族為主的穆斯林。這些應該是首批有記載的臺灣穆斯林。之後是在 1949 年隨同國民黨來臺的穆斯林。在賈福康編著的《臺灣回教史》中，他記述道：「民國三八年四月，回協隨同政府撤退來臺，繼續活動推行教務，舉例言之，當時在南京的回協常務理事監事來到臺灣的幾達四分之三」。[1]可見，當時回教界有

---

[1]賈福康編著，《臺灣回教史》，發行機構：臺灣伊斯蘭文化社，民國 94 年，頁 7。

部分人士隨同國民黨來到臺灣。據說當時有約 4-5 萬回教徒在臺灣。隨著這些人年紀的增大，或者一部分人的歸真，回教在臺灣就顯示出了凋零的跡象。發展到現在的局面，與臺灣孤懸海外，來臺的教親缺乏伊斯蘭文化的土壤有關。當年的郭姓回民也是因為來此後，沒有宣教人士，亦無教義書籍，致使信仰逐漸淡化乃至被漢文化所同化。

從馬來西亞華人穆斯林的歷史可見，馬來西亞華人穆斯林的歷史可追溯到明代鄭和時代，華人穆斯林從閩粵、海南、雲南移居到馬來西亞，在這裡繁衍生息。現在生活在馬來西亞的華人穆斯林有少部分是早期移民的後代。像馬天英家族的後代。現任馬來西亞華人穆斯林協會會長的馬奇先生就是馬天英的兒子。還有前面述及的新一代華人穆斯林移民，以及因為各種原因皈依了伊斯蘭教的華人。因為馬來西亞是伊斯蘭教國家，所以，華人穆斯林生活在那裡有著深深的伊斯蘭文化氣息，生活等各方面都感覺更為自在。

據《聯合早報》報導，馬來西亞作家永樂多斯博士，原籍新疆伊寧人，是維吾爾族。她出生及成長於臺灣，在臺灣大學外文系畢業後，到美國密蘇裡大學深造獲英文系碩士後，遠嫁到馬來西亞，一住 20 餘年。作為一名回教徒，從臺灣遠嫁到馬來西亞的這20餘年來，對她的生活有著怎麼樣的影響？是否因宗教的因素，使她更易於融入馬來西亞社會？她答得直爽：「我嫁到馬來西亞後，其實相當如魚得水。在臺灣，回教徒只有兩三萬人，但馬來西亞的回教徒那麼多，單單飲食就比臺灣方便許多。再如齋月封齋（puasa），在新加坡和馬來西亞，封齋和開齋是大多數人都熟知的事，但在臺灣，當我念書的時候，同學們對回教都不甚瞭解，齋月對他們來說更是陌生，看到我一個月不吃飯，叫他們覺得很奇怪。」[1]可見，

---

①資料引自：張曦娜（專訪）〈異域一顆星，回儒一座橋〉，載於《聯合早報》。
中國回教在臺灣網 http://tw.myblog.yahoo.com/tjq168/article?mid（2011 年 6 月 15 日）。

華人穆斯林在馬來西亞這樣的伊斯蘭教國家生活是很自在的。

　　從對甘肅、臺灣及馬來西亞三地穆斯林大致狀況的介紹中，我們可以看出三地穆斯林的發展歷史、構成及信教程度是不同的，這就反映在其社會生活、宗教生活與文化生活的方方面面。

宗教空間與地域文化

穆斯林的居住格局

當伊斯蘭教從阿拉伯半島向外傳播之後，身處於非穆斯林居多的國家中的少數穆斯林，若條件許可，大多選擇群聚而居。在某個地點興建清真寺，進而環繞清真寺居住。伊斯蘭教傳入中國後也是相同的情況，在各個省分與城市都有穆斯林的身影。而他們又在各地形成一個個的小聚落，這就是所謂「大分散、小集中」分布態勢的寫照。伊斯蘭教信仰者會選擇居住在清真寺周圍，或者在自己的居住地建造清真寺。透過他們的居住分布和居住格局，我們也能分析出伊斯蘭文化的影響力以及人們對宗教的虔誠。

三地穆斯林居住格局

清真寺是穆斯林心目中的聖地、是安拉的花園。清真寺維繫著聚落穆斯林的凝聚與信仰。所以,在關於居住格局中,我們更多地會圍繞清真寺來進行分析。

「圍寺而居或近寺而居」的甘肅回族穆斯林

中國大陸穆斯林的一個居住特點是大分散小聚居,甘肅穆斯林居住格局更是如此。「大分散、小聚居」是回族分布的鮮明特點。這一特點早在蕃客東來、回回人東遷之際便已顯露出來。到了元、明、清時代,隨著回回軍士的到處屯田、墾牧,經商者的貿易往來,官吏學者的宦遊,宗教人士的傳教活動,這種狀態更加明顯。另外,由於封建統治階級的歧視和壓迫,尤其是清代朝廷接二連三地對回族人民進行殘酷鎮壓和瘋狂屠殺,迫使西北和西南地區成千上萬的回族群眾四處逃亡流落,更加劇了這種格局的形成。根據 1990 年全國人口普查統計,回族總人口為 8602978 人,[1]全國絕大多數的縣、市都有分布。回族是除漢族外,分布最廣泛的民族。儘管如此,回族還是有自己較為集中的居住地區,即西北、雲南等地。其他地區,回族居住的情況雖然分散,但人們還是在大分散的客觀形勢下,儘量爭取小的集中。因此,凡有回族居住的地方,無論城鎮鄉村,總是一片片,一塊塊地集中在一定地段、街道、山村或寨子,很少有回民獨家村。而且多分布在交通線上或靠近交通線,以保持著與鄰近地區的聯繫。因為

①金宜久主編,當代伊斯蘭教,北京:東方出版社,1995 年版,頁 338。

頭巾下的穆斯林
甘肅、臺灣與馬來西亞檳城穆斯林女性的田野調查及理論思考

只有小集中，才能保持呼應聯繫、應酬交往，才能互相幫助，團結禦侮；只有小集中，才便於嫁娶結親、殯葬吊亡；只有小集中，才有力量興建寺院，禮拜念經。

總之，「圍寺而居」的小集中使處於大分散狀態的回族人民保持著緊密的社會聯繫，開展著統一而正常的宗教活動。小集中，使回族群眾雖歷經六七百年的風雨考驗而未被吞噬湮沒，反而日益發展壯大，成為中華民族的一支重要力量。

圖 2-1　蘭州新華巷清真寺，典型的「圍寺而居」的穆斯林居住格局

回族聚居區除了叫營、窪等以外，都有地名，且一個地方回族人口發展到百十口乃至上千口人都建有清真寺。由於受唐代遺留下來的「蕃坊」的影響，這些地方回民內部稱自己所居住的地方叫「坊」。

蘭州市回族穆斯林 Jamaat 的現在分布格局是指 1979 年以來，中國的民族宗教政策落實以後，逐步發展形成的寺坊分布格局。據 1990 年統計，

中國信仰伊斯蘭教的十個民族在蘭州市均有，共有人口 79,232 人，其中回族占 96.28%，事實上，在蘭州市形成了一個以回族為主體的穆斯林族群。到 1999 年底，共有清真寺 89 座，拱北 21 處。[1]

第一，從宏觀上看蘭州市所轄五區三縣回族穆斯林人口及宗教活動場所的分布及特點。城關區是蘭州市的政治、經濟、文化中心，有回族穆斯林人口 35,272 人，占全市回族穆斯林人口的 46.24%。共有清真寺 30 座，拱北 8 處，占全市伊斯蘭教宗教活動場所的 34.91%。平均每 928.21 人擁有 1 座宗教活動場所，該數大於蘭州市平均每座清真守擁有人數 857.12 人。城關區是全市回族穆斯林人口及伊斯蘭教宗教活動場所最多的區。七裡河區有回族穆斯林人口 16,501 人，約占全市回族穆斯林人口的 21.63%。該區共有清真寺 17 座，拱北 11 處，占全市伊斯蘭教宗教活動場所的 23·59%。平均每 589.32 人擁有 1 處宗教活動場所，該數小於蘭州市的平均數。另外該區尚有大約 1.5 萬來蘭經商、打工的暫住回族穆斯林人口。[2]

西固區有回族穆斯林人口 4,399 人，約占全市回族穆斯林人口的 5.77%，有一座清真寺。

安寧區有回族穆斯林人口 2,200 人，約占全市回族穆斯林人口的 2.88%，有兩座清真寺，平均每 1,100 人擁有一座清真寺，該數大於蘭州市的平均數。

紅古區有回族穆斯林人口 9,647 人，占全市回族穆斯林人口的 12.65%，有清真寺十四座，占全市伊斯蘭宗教活動場所的 11.31%，平均每 689.07 人擁有 1 座清真寺，該數小於蘭州市的平均數。

---

[1]高翔等，城市中穆斯林流動人口的空間行為特徵及動力機制研究——以蘭州市回族、東鄉族為例[J]，世界地理研究，2010（6）。

拱北：中國穆斯林習慣將蘇菲派導師、門宦始祖、道祖、先哲等人的陵墓建築稱為拱北。拱北是教眾紀念先賢的拜謁之地，也是傳教、行教及舉行重大宗教活動的中心。拱北的教務管理通常由墓主的繼承人或親屬主持管理。

[2]楊文炯著，互動調試與重構，北京：民族出版社，2007 年版，頁 416。

永登縣有回族穆斯林人口 5,069 人，主要集中在城關鎮、河橋鎮、武勝驛鎮，占蘭州市回族穆斯林人口的 6.64%，有清真寺 13 座，平均每 389.92 人擁有 1 座清真寺，該數小於蘭州市的平均數。[①]

榆中縣有回族穆斯林人口 3,211 人，約占蘭州市回族穆斯林人口的 4.20%，有 12 座清真寺，拱北兩處，占全市宗教活動場所的 13.21%，平均每 267.58 人擁有 1 座清真寺，該數小於蘭州市平均數。[②]

皋蘭縣有回族穆斯林人口 52 人，無清真寺。[③]

從以上五區三縣的回族穆斯林人口與宗教活動場所的宏觀分布的統計分析來看，有以下特點：

首先，蘭州市回族穆斯林人口分布呈「分布廣，相對大集中」的特點。分布廣表現在各區縣均有回族穆斯林居住。「相對大集中」表現在 67.87%的回族穆斯林人口居住在城關區、七里河區。[④]

其次，蘭州市回族穆斯林人口分布呈自市中心向市郊區遞減走勢。反映出我國城市人口分布的一般規律即愈是城市經濟文化發達的中心區人口密度愈高的特點。同時表明在蘭州市這個二元經濟結構的城市中回族穆斯林城市化程度比較高。

最後，清真寺的布點與回族人口的區域分布呈正比例關係，但也有不平衡的一面。前者表現在回族穆斯林人口多的區、縣，清真寺就愈多。如占全市穆斯林人口 67.87%的城關區、七裡河區，擁有全市清真寺的 51.22%，拱北的 90%，[⑤]這一正比例關係反映出回族穆斯林社會「人不離寺，

[①]回族人口數據來自：蘭州市地方誌編纂委員會編纂，蘭州市志第 42 卷宗教民族志，蘭州：蘭州大學出版社，2007 年版，頁 67；清真寺數據來自：蘭州市清真寺拱北一覽表（1999 年 12 月），楊文炯著，互動調試與重構，北京：民族出版社，2007 年版，頁 419。

[②]楊文炯著，互動調試與重構，北京：民族出版社，2007 年版，頁 419。

[③]Ibid，頁 419。

[④]蘭州市回族人口76284人，其中城關區35272人，七里河區16501人，合計占比例為67.87%。

[⑤]楊文炯，Jamaat 地緣變遷及其文化影響[J]，回族研究，2001(2)。

寺不離人」的特殊人地關係。後者反映在個別區、縣平均每座清真寺的人數差異上。這種差異主要受人口的數量、人口分布在地域上集中的程度、教派、業緣社區及人們宗教信仰虔誠的程度等因素影響。如西固區，是蘭州市的工業區，也是全市業緣社區最集中的區。這個區的回族來源主要是20世紀50年代中期國家裝備製造、有色冶金、能源電力、建材等工業項目的建設，從全國各地來的回族工人，包括從蘭州本地徵召的回族工人。由於受業緣社區大文本傳統的覆蓋和約40餘年來沒有清真寺等因素影響，人們的宗教信仰比較淡薄，直到1996年建起了西固清真寺。紅古區、安寧區、水登縣，榆中縣主要受人口分布廣、小聚居點多及教派等因素影響。但在這種不平衡的佈局中，「圍寺或近寺而居」仍是回族社會地緣結構的基本特點。

　　蘭州市回族穆斯林的地緣分布有其顯著特點，居地以關、山、崗、灘、灣及十字路口為主。這一特點用蘭州人的俗語來說「回族人不是山上，就是崗上」。如金城關、西關、南關、東關、新關、徐家灣、李家灣、龔家灣、小西湖、騷泥泉（現稱西園）、金雞嶺、皋蘭山、伏龍坪、五星坪、桃樹坪、八里窯、拱星墩等都是回族集中的地方。造成這種地緣分布特點主要是由於歷史上的政治原因，特別是清朝對回族採取「毋令聚居，毋近漢人，毋居城市」的民族壓迫和歧視政策所導致。其次是回族人經商傳統對擇地居住的影響。從社會學的觀點來看，社區的基本平面分布結構是由最先形成的交通路線走向決定的。居民住宅及商業店鋪最初都沿街建造，通常與街道呈平行走向。「兩條主要交通公路的丁字路口，或十字路口則常常是一個社區形成的最早核心地點，這幾乎是條規律。」由此看來，回族穆斯林居城關──這一城市與鄉村結合的必經地帶又與其經商傳統相一致。如小西湖一帶是回族穆斯林較大的聚居區，這裡亦是蘭州市的交通樞紐，是南下臨夏、甘南，西上西寧、新疆的十字路口，有蘭州市

最大的長途客車站。小西湖市場是蘭州市最早興起的市場之一，它的興起與小西湖是一個較大的回族聚居區和它的交通位置有著十分密切的關係。事實上，這個市場的最早起動者也是回族人。又如蘭州市通向皋蘭縣主公路的十三公里處，是 20 世紀 90 年代前後興起的一個以清真飲食業為主的新興市場，是回族人最早移居此地開發的，並已形成一個小聚居區。

第二，蘭州市的回族穆斯林及宗教活動場所的分布特點

從統計資料分析來看，城關區97.91%的社區（居民委員會）、村有回族穆斯林分布，而且 81.28%的居委會、村的回族穆斯林人口不過百人，[1]這就比較明顯地反映出城關區回族穆斯林「大分散、雜居」特徵較明顯。同時，從另一角度看，城關區 88.13%的回族穆斯林人口又主要集中在回族穆斯林人口過 850 人的 15 個街道辦事處（鎮），而且 79 個回族穆斯林人口過百人的居委會（村）中的 69 個就集中在這十五個街道辦事處（鎮）。其中回族穆斯林人口過 300 人的居委會有 23 個，過 500 人的有十四個，過 700 人的有七個，過千人的有兩個，這又反映出城關回族穆斯林的分布在大分散中有相對集中，在相對集中之中聚居突出的特點。從清真寺的布點與人口分布來看，在15個街道辦事處、鎮中，有伊斯蘭教宗教活動場所32座（處），占城關區總數 38 座（處）的 84.21%。[2]

[1]數據來源：蘭州市少數民族人口分佈表，甘肅省民族事務委員會編，甘肅省少數民族地方，蘭州：蘭州民族出版社，1993 年版，頁 474-489。

[2]楊文炯著，《動調試與重構》，北京：民族出版社，2007 年版，頁 428。

圖 2-2　蘭州和平清真大寺，「圍寺而居」的穆斯林居住格局

　　從資料分析來看，這種對應分布又有一定的規律性，即在城關區回族穆斯林人口相對集中的街道辦事處（鎮、鄉），當相對集中的程度與小聚居的程度呈正比例時，形成以一個或 2-3 個相鄰的穆斯林人口比較集中的居委會為圓心的核心聚居點時，就會有清真寺坐落在這個圓心上。從資料統計分析來看，一個街道辦事處（鎮）平均每一社區（居民委員會、村）居住的回族穆斯林人口大於 54 人、且有核心聚居點時，就有清真寺布點在該街道辦事處轄區內，形成「圍寺而居」的族群社區 Jamaat[①]。此外，受法定街道社區地緣相鄰因素的影響，往往又形成跨兩個或多個街道辦事處轄區的族群社區。如白銀路街道辦事處有回族穆斯林人口 3671 人，是比較

　　[①]Jamaat：也叫哲麻提。回族群落聚居於中國社會形成無數個聚居型的社區，這種居住形態即 Jamaat。一般來說一個 Jamaat 至少有一座清真寺，供社區的穆斯林進行禮拜等宗教活動。回族學者楊文炯教授認為 Jamaat 的形成是伊斯蘭文化移植中國的標誌。在蘭州形成「圍寺而居」的族群社區 Jamaat 有很多，如靖遠路街道辦事處、草場街街道辦事處、團結新村街道辦事處、廣武門街道辦事處、酒泉路街道辦事處、皋蘭路街道辦事處、五泉街道辦事處、臨夏路街道辦事處、東崗西路街道辦事處、張掖路街道辦事處、鼓樓巷街道辦事處、伏龍坪、東崗鎮就是如此。

集中的，而且小聚居程度高，平均每居委會有99.22人（大於54人），核心聚居點明確，白銀路街道居委會有804人，西北民族大學社區（居民委員會）有1476人（屬業緣社區）。但由於在地緣上與張掖路、臨夏路、酒泉路三個街道辦事處相接，在約兩公里左右的區域內有五座清真寺，南關清真寺、南灘清真寺、繡河沿清真寺、橋門清真寺、西關清真寺，從而形成了跨法定街道社區的族群社區。從回族穆斯林的分布整體來看，小聚居的Jamaat是蘭州市回族穆斯林社會地緣結構的基本特點。

七裡河區有九個街道辦事處、七個鄉、一個鎮，共有199個居民委員會、村（包括集體戶）。每一個街道辦事處、鄉、鎮均有回族穆斯林居住，但人口分布的城、鄉差別很大，98.62%的回族穆斯林人口分布在九個街道辦事處、一個鎮，平均人口過550人。其中回族穆斯林人口過千人的街道辦事處（鎮）有六個，而且其中的華坪街道辦事處、西園街道辦事處、西湖街道辦事處三者相連，共居11520人，占該區回族穆斯林總人口的65.81%。這三個街道辦事處所在地是七裡河區商業經濟最集中、最發達的地方。外地來蘭經商的回族穆斯林大多在這裡落腳，如工林路一帶就形成了一個較大的暫住區。

在七裡河區199個社區（村）中有193個社區（村）有回族穆斯林分布，約占總數的96.99%。其中回族穆斯林人口過百人的居委會只有39個，人口的變化幅度在100—1075人之間，其中二十八個在華坪、西園、西湖三個街道辦事處，約占71.80%。[①]從上述資料統計分析看，七裡河區

①數據來源：蘭州市少數民族人口分佈表，甘肅省民族事務委員會編，甘肅省少數民族地方，蘭州：蘭州民族出版社1993年版，第490-497頁。二十八個居委會（村委會）為：華坪街道辦7個：孫家臺居131人，磨溝沿居145人，太平溝居476人，華林路二居250人，華林路三居206人，華林路四居227人，華林路居336人；西園街道辦11個：下西園一居221人，下西園二居391人，工林路居608人，五星坪一居348人，五星坪二居210人，上西園一居212人，柏樹巷一居1075人，柏樹巷二居615人，柏樹巷三居116人，西津東路一居491人，西津東路二居542人；西湖街道辦10個：蘭工坪一居147人，蘭工坪二居271人，駱駝巷一居328人，駱駝巷二居497人，鹹溝沿居604人，小西湖一居137人，小西湖二居143人，小西湖三居168人，小西湖四

回族穆斯林的分布與城關區相比有所不同，呈「大分布，大集中，連片聚居」的特點。

宗教場所的布點與人口的分布呈正比例關係，同時存在非均衡的一面。在七裡河區回族穆斯林人口相對集中的街道辦事處（鎮），各自的居民委員會穆斯林人口平均數大於 54 人，且有核心聚居點時，就有清真寺坐落，如西湖、西園、華林坪、土門墩街道辦事處和阿幹鎮就是如此。特別是穆斯林人口最集中的上述三個地域相連的街道辦事處，轄區內有宗教活動場所 23 座（處），占該區伊斯蘭宗教活動場所 28 座（處）的 82.14%。此外，敦煌、西站、晏家坪三個街道辦事處各自的居委會的回族穆斯林人口平均小於 54 人，且無核心聚居點，無清真寺分布。[①]

建蘭路街道辦事處的十二個社區（居民委員會）的穆斯林人口平均有 56.25 人，且大於五十四人，但無核心聚居點，亦無清真寺分布。但從地緣上看，建蘭路、西站、敦煌路三個街道辦事處地域相接，基本上以七裡河北街、南街為界，形成了一個較獨立的地域單元，共有回族穆斯林 2472 人，沒有清真寺，反映出清真寺布點與人口分布的非均衡性。另外，由於遠離市區，地理上自成單元的龔家灣街道辦事處（有回族穆斯林 633 人）、花寨子鄉（有 117 人，主要集中在五量鋪和八裡窯），雖然穆斯林人口不多，但核心聚居點突出，形成了兩個 Jamaat，有兩座清真寺。

分散居住的臺灣穆斯林

臺灣穆斯林的居住一般是分散狀態。如在臺北，清真寺只是作為一個宗教的核心，大家會從不同的地方去那裡做禮拜或從事宗教活動。從臺北、中和、永和、鹿港、臺中以及高雄這些穆斯林相對多一點的地方來

甘肅、臺灣與馬來西亞檳城穆斯林女性的田野調查及理論思考

頭巾下的穆斯林

居 389 人，安西路居 136 人。

①楊文炯著，《互動調試與重構》，北京：民族出版社，2007 年版，頁 429。

看，臺灣穆斯林的居住是分散的，這也是與大陸回族穆斯林在居住上明顯的不同。

第一，透過清真寺的分布，瞭解穆斯林的居住

截至 2011 年，臺灣共有六大清真寺，分別是臺北大清真寺、臺北文化清真寺、龍岡中歷清真寺、高雄清真寺、臺南清真寺和臺中清真寺[①]。我們知道清真寺作為伊斯蘭文化的一個主要組成部分，為穆斯林在場融入、在場與言說提供了重要平臺，而他們也在清真寺中獲得了身分的歸屬性與言說的合法性，從而彰顯其穆斯林身分或自我辨識，使其現世的載體與精神的自我得以統一，從而進一步確認自身的位格，承擔起穆斯林應有的職責與義務。作為伊斯蘭文化的物質載體，清真寺作為宗教活動的核心，通過自身並通過各種活動來實現伊斯蘭的身分認同與區別。每位穆斯林心中都有一個神聖的地方——清真寺。每一座清真寺都充滿吉祥和光亮。因為當地的穆斯林遵照真主的啟示和先知穆聖的指導，在自己的居住區修建和維護這個真誠敬拜真主的清靜地方。清真寺維繫著一方穆斯林社會的存在、團結和興旺。清真寺的主要作用在於它將聚居於清真寺周圍的穆斯林「結成一個個群體，通過信仰制度和儀式的一致性，把不同地區的回回人統一在伊斯蘭文化的生活方式之中，為民族共同體的形成和發展提供了穩定性和連續性」。

另一方面，清真寺除了宗教活動之外，還為穆斯林提供日常生活的服務。穆斯林的婚姻喪葬、慶祝節日、宰牲、紀念亡人等日常生活也離不開清真寺，都與清真寺密不可分。以下我們將以清真寺所在地為核心來瞭解臺灣穆斯林居住狀況。

[①]本研究是在 2011 年進行的，當時臺灣有六座清真寺。截止本書出版之際（2020 年），筆者瞭解到，臺灣的清真寺已至十座，增加的四座清真寺分別是：大園清真寺、東港清真寺、巴特爾穆斯林清真寺和花蓮阿爾法拉清真寺。在以後的作業中，作者會增加對另外四座清真寺及其周邊穆斯林的研究。

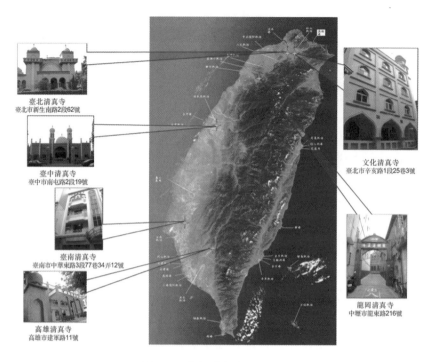

臺北清真寺
臺北市新生南路2段62號

臺中清真寺
臺中市南屯路2段19號

臺南清真寺
臺南市中華東路3段77巷34弄12號

高雄清真寺
高雄市建軍路11號

文化清真寺
臺北市辛亥路1段25巷3號

龍岡清真寺
中壢市龍東路216號

圖 2-3　臺灣清真寺分布圖

　　臺北大清真寺為臺灣現六大清真寺中的第一座清真寺。樓頂為東西長方形平臺，氣勢宏偉的穹窿大圓頂坐落在平臺上，其頂端的新月標誌熠熠發光。該寺向居臺灣各清真寺之首。中國伊斯蘭教學者、翻譯家王靜齋阿訇、教育家馬松亭阿訇曾一度在該寺主持教務。本清真寺設有「中國回教協會」和「中國回教文化教育基金會」。臺北清真寺採用阿拉伯建築設計，並參照伊斯蘭教法規定。建物含圓頂禮拜大殿、洗淨水房、禮堂辦公室、圓柱拱環長廊、喚拜尖塔與庭院圍籬等。建物主體結構為鋼筋水泥，拱門門眉與其多處外牆皆有其馬賽克圖案裝飾。除此之外，兩旁圓形石柱則以斬石加工，主要門窗采大型落地式設計。另外，建物左右兩側超過 20m 的喚拜塔樓也是該清真寺的特色。

1960 年落成以來，該寺一直都是臺北穆斯林的傳教禮拜中心，世界各伊斯蘭回教國家國王、總統及各界領袖如果前往臺灣訪問，均把蒞臨臺北清真大寺為重要行程之一，其中包含 1971 年訪問臺灣的沙烏地阿拉伯前國王費瑟。1999 年 6 月 29 日臺北市政府則正式將該寺定為臺北市定古跡。1980 年代以來，受到西方強勢文明與傳播媒體的影響，加上信仰模式和儀式禁忌與臺灣民間宗教迥異，導致前往臺北清真寺禮拜的臺灣穆斯林並不踴躍。911 事件後，建築特別、造型十分醒目的臺北清真大寺才受到臺北民眾與媒體關注。現今臺北清真寺除了提供穆斯林作日常宗教與婚喪喜慶活動外，平日也開放一般民眾與臺北都會區各級學校自由參觀與校外教學。該寺僅要求參觀訪客需要遵守伊斯蘭教的參觀禮節。

　　臺北文化清真寺，創建於民國 71 年，於民國 73 年 2 月竣工。臺北文化清真寺草創於民國 39 年 10 月 12 日，是由教長蕭永泰阿訇籌款購得臺北市古亭區羅斯福路三段八十六號日式民房一棟，做為教友禮拜場所。民國 43 年，臺北市拓寬道路，為配合都市建設，臺北文化清真寺必須遷建。經多方籌借款項，乃遷建於羅斯福路三段 178 巷 18 弄 3 號。

圖 2-4　夜幕中的臺北文化清真寺

民國 60 年，在臺灣的穆斯林人數增加，每逢大典，寺外庭院滿是人群，加上樑柱受蟲食蟻蛀、風雨摧殘，廟體岌岌可危。經「中國回教青年會」理事會決議整修擴建，乃改建為二層樓房，且闢二樓為專供婦女禮拜空間。民國 62 年 9 月，臺北文化清真寺辦理財團法人登記，民國 63 年由臺北市政府核准設立，經臺北地方法院公告，發給財團法人登記證書。創寺教長蕭阿訇不以寺產為私有，遂將寺產慨贈財團法人，讓文化清真寺為全體穆斯林共有之拜主殿堂。此時，世界回教聯盟義助修繕經費一筆，經董事會商議，決定以此款做為興建五層大樓之基礎，乃委請建築師黃模春設計興建，建築一切均依照伊斯蘭文化特色，遂於民國 71 年 8 月 20 日開工興建，至民國 73 年 2 月臺北文化清真寺整體落成。[①]在隨後的發展中就有點荒廢。2010 年張明俊董事長接管之後，重新整修啟用。現任馬教長是 2010 年從龍岡清真寺過來的，據說是臺灣最年輕的教長。

臺北穆斯林人數不多，但是，這些為數不多的穆斯林也沒有居住在清真寺周邊，而是分散居住在臺北市、臺北縣等地。來寺裡做禮拜的也以是外國人居多，據介紹，平時來寺裡做禮拜的約 90%以上都是外籍人士。

臺灣在中和、永和有一些相對集中、居住在緬甸街附近的來自泰國、緬甸的雲南穆斯林。他們從泰緬遷徙回臺灣後大部分人選擇聚居在臺北中、永和及中壢龍岡，自成社群。

圖 2-5　中和緬甸街

①資料來自專題研究網站：以信仰之名——穆斯林的生活與文化
http://library.taiwanschoolnet.org/cyberfair2007/wfps（2011 年 5 月 10 日）。

緬甸街上的餐廳幾乎都是緬甸、雲南、泰國口味的小吃，就連招牌也多寫著緬甸文字。這些看來並不起眼的小吃店，卻是擁有最正統道地的緬甸小吃，另外還有南洋進口食品專賣店，各種調味食品一應俱全。據瞭解這條街並不是經由市政府或當地市公所特意建造而成的觀光街道，而是因為早期中和房價低、吸引多數緬甸華僑到當地定居。久而久之，專屬於緬甸華僑的餐廳、便利商店蜂湧而起，造就了一股只有當地才有的民俗風情街道。

圖 2-6
作者在為數不多的清真
美食店門口

緬甸街並不像一般觀光市場，擁有完整的規劃設施，或者裝潢華麗的店面，有的就是當地緬甸華僑誠心熱情的美食與心意。乍看之下，華新街的店面雖然感覺破舊不起眼，卻帶有家庭式餐廳的濃濃意味，在小小店面的背後，隱藏的是緬甸華僑對於臺灣本地的熱愛與深刻感情。因為早期曾被英國統治，延續下午茶習慣，擺放於店面之外的桌椅，緬甸華僑聚集一起，無論是聊天、用餐，可以感受到的是一股凝聚溫和的民族性。象徵了一股民情文化，這種家庭式的店面彷彿已經超乎於營利，而是晉升到另一種與家人、朋友相聚的情感層面。這中間就有一些泰緬華僑穆斯林，他們

也是生活於其中的一份子。只不過在他們的美食門口寫有清真的標示。

圖 2-7　清真飲食店內懸掛伊斯蘭文化的牌匾

　　居住在中和、永和的穆斯林一般會選擇去臺北或中壢龍岡清真寺做禮拜。所以在臺北清真寺和鹿港清真寺做禮拜的人群中也有一部分是泰緬華僑穆斯林。他們的居住距清真寺距離比較遠，這也會影響他們做禮拜。

　　龍岡清真寺創建於民國 77 年，於民國 78 年 11 月峻工。民國 52 年，退役軍人馬興之、王文中及軍眷馬美鳳、薩李如桂，以及忠貞眷村內十多戶教親共同商議，希望在中壢地區建造一座清真寺。他們透過中國回教協會向各地教親募捐，終於在民國 53 年，成功地在中壢購買土地 392 坪。先建造可容納 150 人的禮拜殿一間，讓當地教胞有「唸經」、「禮拜」及宗教活動的場所。由於民國 53 年所建寺體歷經二十餘年風雨，已是屋瓦鬆動、樑柱腐朽。教胞們醞釀重建之議，在國內外教胞支持贊助下，於民國 77 年 3 月 2 日動工興建新寺。由於重建經費不足，初期先行建設禮拜大殿及地下室工程，於民國 78 年 11 月完工使用。

圖 2-8　龍岡清真寺

　　據瞭解，龍岡清真寺周圍都是從泰緬來的雲南穆斯林，在附近的大溪、桃園、龍岡等地約有兩百多戶穆斯林。前已述及，這些來自泰緬的雲南籍穆斯林遷徙至臺灣後，大部分選擇居住於中壢忠貞與臺北縣中和、永和一帶。忠貞地區有清真寺座落當地，即使不是圍寺而居，但也可算是近寺而居，方便宗教功課的執行，以及增進與其他穆斯林的互動關係；至於在中和、永和雖然沒有清真寺，但因為當地已有泰緬華僑的存在，以及住民彼此的深厚關係，聚落型態漸趨明顯，達到凝聚族群感情與鞏固宗教信仰的功效。中國學者胡雲生對於回族的研究指出，回族寺坊制度的存在使回回民族意識得以整合和維繫，同時也使其民族文化得以延續和發展。而回族寺坊制度正是通過其傳承的功能把回族群體的心理和認同意識有機地實施於回族寺坊中每個回族成員，實現了伊斯蘭文化對回族個體成員的塑造，又通過心理傳承和社會整合，把每個回族個體成員的心理意識整合為回回民族的共同心理意識。在中壢以龍岡清真寺為中心所建立的穆斯林社

群，便提供如此聚合了當地穆斯林成員心理意識的功能。當背景與文化相同的人群生活在同一社群中，對社群的認同將更為明顯；換言之，該社群所提供的歸屬感以及對居住成員向心力的凝聚，亦為同等程度的提升。①

臺中地區原無清真寺，自國民黨來臺灣後，大陸來臺教胞，多系忠貞軍公教人員，很多教胞均無攜帶親眷，經濟狀況欠佳，但對宗教信仰篤誠，視為日常生活中之拜功不可缺失。在來臺初期，教胞借用已故國大代表、回教耆老先生樂亭住宅，舉行主麻②聚禮。後因教胞人數日增，場地無法容納，熱心教胞便於民國 40 年，集資承租忠孝路 165 巷 12 號的日式房屋，做為宗教活動場所。

民國 64 年 4 月間，沙烏地阿拉伯交通部長陶費克先生來臺訪問，到訪臺中清真寺，發現寺體破舊狹小，不堪使用，乃向臺灣要求撥地，由沙烏地阿拉伯出資合建新寺。至民國 70 年 12 月，馬紹武先生接任董事長，積極向政府爭取，終於獲得坐落於臺中市南屯區田心段第 817 號建地。中國回教協會前理事長許曉初先生對臺中建寺至為關心，為顧及國民外交與中部教親聚禮之需，乃組織籌建委員會，編列建寺預算為 1350 萬元，其中 6 百萬元由國內外教胞樂捐，另 750 萬由沙烏地阿拉伯支助沙幣 100 萬元撥充，工程方面則委請臺中清真寺全權辦理。

臺中清真寺新寺施工期間，世界回盟納西夫博士、前沙烏地阿拉伯駐華大使舒海爾先生、馬爾地夫司法部長樂施德夫婦等貴賓，相繼來臺灣訪問，對於工程依圖施工，大表讚揚。新寺整體興建工程自民國 78 年 5 月動工，於民國 79 年 8 月完工落成。③現任臺中清真寺的閃 YW 教長是從緬甸

---

① 轉引自於嘉明，碩士論文《在臺泰緬雲南籍穆斯林的族群認同》，頁 2。

② 主麻日：是伊斯蘭教聚禮日。穆斯林於每週五下午在清真寺舉行的宗教儀式。主麻一詞系阿拉伯語「聚禮」的音譯，其儀式包括禮拜、聽念「呼圖白」（教義演說詞）和聽講「窩爾茲」（勸善講演）等宗教儀式。

③ 資料來自專題研究網站：以信仰之名——穆斯林的生活與文化
http://library.taiwanschoolnet.org/cyberfair2007/wfps/（2011 年 3 月 10 日）

來的歸僑，來臺灣十幾年了。

閃教長認為，現在伊斯蘭教在臺灣面臨的問題是只能是有限度的發展。因為伊斯蘭教在臺灣是少數中的少數，人力、物力、財力都有限，所以只能是有限度的發展。說起臺灣穆斯林與滇緬穆斯林時，閃教長說大家都受兩種文化的燻陶，中華文化和伊斯蘭文化影響，所以共同之處很多。只是滇緬來的在信仰方面比臺灣本土的熱情，因為，在泰國緬甸時都受到伊斯蘭文化的燻陶，臺灣的就淡一些。

圖 2-9　臺中清真寺

在對臺中清真寺閃 YW 教長的訪問，他告訴我們：

> 官方報導的是臺灣穆斯林是六萬人，實際是一萬人都
> 不到。因為在臺灣穆斯林是少數中的少數，臺灣的宗教主

要是道教。臺中清真寺所轄的臺中、苗栗、嘉義等約 200
戶穆斯林，其中也包括滇緬的新移民。臺中的主要是民國
32 以後年隨國民黨來的，是第一代的，年紀都比較大了。
但是，他們的後代都斷層了，主要看家教如何了。家教好
的就做禮拜。

清真寺的活動主要是主麻，每個月有個兒童經學班，主要是年齡小
的。假日也有夏令營。開齋節、聖紀節等也有活動。臺中穆斯林大部分是
公務員、退役軍人占多數。屬於小康家庭。上個世紀五十年代來臺灣住在
臺中的穆斯林姓者、馬、丁的比較多。

臺中穆斯林有一些是八十歲左右的老人，是當年隨國民黨來臺的穆斯
林，主要是軍人，現在健在的也不多了。在臺中訪問了一位八十八歲的老
人洪先生，他是當年隨同國民黨來臺的軍人。他告訴我們：

> 我娶的太太是馬鴻逵的孫女。我們當年來臺的約 20%
> 的穆斯林的婚姻對像是穆斯林，80%的都找的是教外的。
> 我認為，這種婚姻也是導致臺灣伊斯蘭教衰敗的一個原
> 因。我的教門很好，我兒子找的也是穆斯林，我們對孩子
> 要求很嚴，尤其是在宗教方面。

洪先生說他堅持來做禮拜。據閃教長介紹，臺中清真寺大殿能容納五
百人做禮拜，女殿也差不多容納五十人左右。另外，也有一些從泰國、緬
甸來的雲南穆斯林。還有一些是外籍穆斯林，其中有些是娶了臺灣太太，
這些臺灣太太都是入教的。

臺中清真寺來做禮拜的大部分是外籍人士。就此狀況，閃教長憂心忡

忡的說：

> 主麻日約一百人，其中外籍的占到一半，而這中間有50%的是因為婚姻而來的。娶臺灣太太的都是外教的，要進教。每年要為這些人舉行婚禮的約十對。做主麻的這一百人中，一半是外籍人士，另一半中的 30%是滇緬的穆斯林，20%是本地的。這些本地的大部分是退休以後的老人家。他們的子女有點流失，這是一個大問題。

閔教長認為在臺灣做教長有一些挑戰，主要是居住不集中、是散居，就不好號召。這樣就要加強家庭教育，寺裡面的教育也要加強。臺灣的穆斯林面臨的問題有被同化的問題，多少會有這樣的問題，因為我們的文化不是主流，所以「我們就要辦教育」。

高雄市的伊斯蘭教徒主要是 1949 年後，追隨著當時白崇禧與馬步芳等來臺定居的 20000 名穆斯林教眾的一部分及其下一代或後代。除此之外，1990 年後，信奉伊斯蘭教的的印尼穆斯林陸續進入高雄市，以外籍配偶及外籍勞工為主的外籍穆斯林，他們並沒有放棄自己信仰，只是因應高雄市大環境，多數未能參加傳統回教禮拜。

高雄清真寺開始興建於 1949 年，重建於 1992 年，是伊斯蘭教（或稱回教）在臺灣的第二座清真寺，為臺灣六大清真寺之一，也是臺灣南部兩個禮拜場所之一。高雄清真寺位於三民區森林路（高雄市），高雄清真寺是具有多功能的現代建築，外觀以中東風格的拱頂為主要設計特色，內部除禮拜大廳外，其他設施與一般清真寺的格局和結構相似。

圖 2-10　高雄清真寺

　　高雄清真寺駐寺伊瑪目（掌理教務主持人）為陳 YW 教長，其服務的範圍包括臺灣南部和花蓮等地，目前其轄下伊斯蘭教徒超過一萬人（主要是以外籍人士為主）。

圖 2-11　高雄清真寺陳 YW 阿訇接受作者訪問

　　高雄清真寺每年夏天會開辦基礎教義和阿拉伯語研習班，教導中小學生瞭解伊斯蘭教相關教義。

　　高雄穆斯林人數不多。據高雄清真寺沙總幹事介紹，高雄清真寺的收入來源主要是：利息、教親捐贈、房租。他說臺灣穆斯林凋零的很快，進

教的趕不上凋零的。

高雄清真寺有婦女組（現在叫婦女會），會長馬女士是大陸甘肅籍穆斯林。在每月的最後一個星期日，她們要舉行活動。自己做點吃的帶來，大家一起分享各自的家庭心得，一起學習可蘭經。

高雄清真寺的陳阿訇在談到臺灣穆斯林現在弱小的原因時說：

> 「力量大的把力量小的吸過去是一定的」，我這裡主要是指臺灣穆斯林處於其他宗教文化的包圍之中。但是，我對此狀況還是很有信心。臺灣的一個基督徒曾對我說，「臺灣基督教人口很少，我很擔心臺灣基督教的未來」，這個基督徒也問我：「你是穆斯林，你的人口比我的還少，你感受怎麼樣？」我很坦然的對他說：「你說你們人口少對未來感到擔憂，我們的人數比你們的還要少，但是我感到有信心，我不擔憂。因為伊斯蘭是我的，人數多少不是我的。我們要『Quality』，不要『Quantity』」。

在談到在高雄清真寺了來做主麻的穆斯林，陳阿訇說：「主麻日來的人一般在 150-200 人之間，其中一半以上是外國穆斯林，有印尼的、巴基斯坦的」。他認為有清真寺就有一個真正的信仰在，在臺灣能堅持伊斯蘭教的信仰也是不容易的，但他很有信心。

臺灣南部約2000多穆斯林，嘉義以南、臺東、屏東等都是高雄清真寺的轄區。臺南清真寺也是依附於高雄清真寺。因為他們只是星期五主麻日才開，平時都關著門。

高雄清真寺的沙總幹事是軍人出身，談到大陸來的軍中穆斯林，他說

現在連一半都不到，都凋零了。有些長輩都不來清真寺，年輕人就更不來寺裡了。現在進教的趕不上凋零的。臺灣南部加入穆斯林的一年連十個都不到。

高雄清真寺周圍也沒有聚居穆斯林，這裡的穆斯林也是分散居住在高雄市，而且人數也不多。

臺南市清真寺初創於民國 72 年，於民國 85 年 9 月峻工。所在位置是臺南市東區中華東路三段 77 巷 34 弄 12 號。臺南清真寺尚未籌設前，臺南教親都得到高雄參與宗教活動，交通往來總有些不便。一位旅美教親王惠煥女士，將臺南市竹篙厝土地，捐贈為臺南建寺之用。於民國 72 年 4 月辦理過戶手續，並於民國 72 年底，請高雄市清真寺董事長白玉琪發動捐款，協助臺南市建寺之用，但臺南清真寺建寺過程幾經波折。自民國 72 年至民國 82 年，請約旦籍教親顏明光哈吉擔任建築設計，先行申請設立工廠，再變更為清真寺，約十年才申請建照獲准。經過長期興建工程，臺南清真寺於民國 85 年 11 月 3 日落成啟用，寺體共四層樓，區分為：店舖、會議室、男、女洗淨間、大殿及辦公室，內部陳設均相當現代化。[①]

據臺南清真寺巴 JG（軍人出身）主委、掌教說：「臺南的穆斯林 6-7 戶，約 20 人左右，平時也不做禮拜（年紀大了，年輕的也不來）」。巴主委的父母和太太都是外教的，他自己調侃說：「在大陸的話我是不合格做掌教的）」。

頭巾下的穆斯林
甘肅、臺灣與馬來西亞檳城穆斯林女性的田野調查及理論思考

①資料來自專題研究網站：以信仰之名──穆斯林的生活與文化
http://library.taiwanschoolnet.org/cyberfair2007/wfps/（2011 年 3 月 16 日）

圖 2-12　筆者在臺南清真寺的禮拜堂

　　據巴主委的日常統計，平時來清真寺的約有 40 幾戶，其中 30 幾戶人家是外國人來做禮拜，約 100 多人，週五主麻日約 30 人左右來做。臺灣穆斯林變化大，巴主委說：「我們這裡是做禮拜的是小聯合國（來自世界各地的穆斯林，有巴基斯坦、印尼、馬來西亞、菲律賓等）。」據巴主委介紹，伊斯蘭教是個居留區的信仰，這裡居住很分散，而且穆斯林人數少，所以發展很困難。據他觀察，臺南本土的穆斯林約 5-6 戶人家，而且基本上也不來做禮拜。來這裡做禮拜的大多數是外國人。

　　從臺灣上述六個清真寺的所在來看，臺灣的穆斯林並非是居住在清真寺周圍。儘管他們說伊斯蘭教是個聚落的信仰，但是這裡並未形成聚落的居住。這種散居的居住形式或許是臺灣穆斯林逐漸凋零的原因之一吧。

　　第二，特殊的鹿港白奇郭姓群體

　　日湖郭氏渡臺鹿港族譜《日湖坑十六世》的編纂者郭恒瑞先生認為，就聚居形式而言，鹿港郭姓有比較明顯的同姓相居的傾向。但他們已經不是嚴格意義上的穆斯林。從這些郭姓及丁姓人的祖先認同及記憶中，可以看到他們是來自福建泉州的回民後裔，而在現實的生活中，他們與當地漢

人已沒有多大區別。

　　儘管鹿港現在已沒有清真寺，郭姓也非真正意義上的回民，但這裡有必要介紹鹿港郭姓宗親[1]。從他們有關祖先的記憶以及其中的白奇郭所保留的傳統祭祖習俗中，我們可以看到他們有關祖先回教信仰的記憶。從歷史上來看，他們是臺灣最早的回教後裔。

　　在福建石獅市有石湖乙甲郭氏回族一世族言路公及夫人蔡氏的合葬鴛鴦墓，該墓系龜形花崗岩結構，墓碑為半月型，碑面上有滿月及卷雲紋飾，具有漢回文化相融合的特色。因言路公的後裔在明清時大批移居臺灣，該墓是研究閩臺淵源及通商歷史的重要見證，也是研究漢回民族相融合和石獅市少數民族歷史的主要實物資料。

　　在鹿港郭姓相對聚居，同時擁有郭厝保安宮這個頗具特色的氏廟，郭姓宗親們為了維持此廟的輪流祭祀，各宗支的區分也很清楚。[2]保安宮所在北頭漁村，即現今東石里和郭厝里一帶，是街內郭姓主要的聚居區，大多數俗稱白奇郭（或作白崎、百奇、百崎）的族裔，祖籍福建惠安白奇鄉，故以「惠奇」為堂號，只有少部分散居在其他各里。而靠近北頭，舊名營盤地附近據說有蓬島派的郭姓，傳聞由施琅的副將郭世耀開基，祖籍福建南安蓬島鄉。當地父老相傳康熙二十二年這位郭姓的始祖隨施琅平臺後，屯兵開墾於此，故名營盤地。[3]

　　除此之外，還有一支郭姓堂號為「日湖」，主要聚居在洋厝裡的魚寮、埔尾、新厝，也有若干後裔搬遷到街內散居各裡。[4]日湖派的郭姓祖籍晉江，原籍現名石湖，據說在福建是一個相當興盛的宗派。鹿港的惠

　　[1]日湖郭氏渡臺鹿港族譜，《日湖坑十六世》，郭恒瑞編，民89年6月。
　　[2]作者在鹿港與郭恒瑞老人的訪談。
　　[3]鹿港鎮志・民族篇／莊英章主持；鹿港鎮志纂修委員會{編纂}，{彰化縣}鹿港鎮公所編印，民89，頁61。
　　[4] Ibid，頁61

奇、日湖、蓬島等派郭姓也都尊郭子儀遠祖，且共同供奉其神像於始祖廟保安宮中。由於郭子儀曾受封為汾陽王，「汾陽」遂成為後世郭姓共同的郡望。

所謂「清真五姓聯宗」的由來，也與郭子儀有關。相傳唐朝天寶、大曆年間，郭子儀為平吐魯番之禍患，倡聯回紇之師，復興百元光、馬璘、丁渾誠、金祝捷等將軍共赴國難、並肩殺敵。因念沙場袍澤之情，逾於骨肉，遂有郭、白、馬、丁、金五姓聯宗，永誌前盟之說。

追本溯源，白奇郭姓的始祖是回族人，原名為伊本・庫斯・德廣貢，改從漢名郭德廣。白奇郭是惠安回族，白奇回族開基祖郭仲遠。回族信仰伊斯蘭教，注重祈禱，每日做禮拜。宗譜載，他生於元末至正八年（一三四八），卒於明永樂二十年（一四二二）。明初洪武九年（一三七六）郭仲遠率妻子來惠安，卜居於螺陽二十三都白崎鋪，安家創業，生五男二女。死後，葬於吉浦與下垾間龍頭山之陽，因其地形似而號「獅穴」，郭氏子孫尊稱為石獅墓，基墓純屬回族墓葬，俗呼「石棺」，周圍雕刻花卉圖案及阿拉伯文，內容是古蘭經章句。郭仲遠墓說明了白崎郭姓宗族最初的信仰與文化傾向。白崎郭氏宗祠中，有一對說明白崎郭姓源流之楹聯，文曰：「祖汾陽，派富陽，族螺陽，三陽開泰；源晉水，分法水，聚崎水，萬水朝宗。」。

在鹿港郭厝角頭廟保安宮奉祀廣澤尊王配祀郭子儀，據地方耆老表示約雍正三年（西元一七二五年）年間曾建昔屬回教聚落，建有清真寺但已改建為保安宮。郭姓分為六大柱，其中只有日湖派在祭祀時可以使用豬肉，喪事也可以請道士誦經，其他五派都不使用豬肉祭祀也不請道士誦經，要請專門懂郭姓習俗之專門人士才能協助舉行喪事。鹿港數百年來住有六百多戶祖先信奉回教，現已漢化失根的教親；又鹿港於有清真寺一座及供禮拜沐浴的水井一口，所謂「北奇郭」是指凡是住在臺灣郭姓族人或

是住在福建惠安北奇鄉郭姓族人，他們一律通稱為「白奇郭」。本文在第一部分中已經簡述了白奇郭的歷史以及與惠安白奇郭姓的關係。在惠安以外落地生根的白奇郭氏族人，生活上盡管還保存回族習俗，但多數已不再是伊斯蘭教信徒。

圖 2-13　作者與郭恒瑞老人在他畫的郭子儀像前

　　郭恒瑞老人在他撰寫的《日湖郭氏渡臺鹿港族譜—日湖坑十六世》[①]中分析白奇回族漢化之必然及其過程。他認為：首先，是教義、教規的廢弛。白奇開基祖移居之後是獨戶回族，且適當元、明交替之時，少數民族處境艱危，而在移居草創之初，尤需披荊斬棘，為安家立業而奔忙，要認真履行伊斯蘭教規和禁忌，勢不可能。所以，白奇郭姓從第一代開始，在履行教規方面，就必然刪繁就簡，以適應新的環境。久而久之，也就逐漸廢弛，形成後代步步趨向漢化的演變。第二，是血統、境遇的演變。郭氏開基白奇之始，第一世傳五男三女，男女長大，必須擇偶。擇偶則與漢人互通其婚姻 。漢女入回家作婦，固然是「女嫁從夫」，遵守回俗，但不可能不摻進某些漢家習俗。以後代代通婚，回族血統日淡，漢族勢力日

①郭恒瑞編，日湖郭氏渡臺鹿港族譜，日湖坑十六世，頁 17-18。

侵，而其所有之婚家、姻家、姑姨舅表以及鄰居友好，全部都是漢族。獨戶回民，丁口越蕃，而外出經營謀生者越眾，處處懷遵教規，勢必自陷於「非我族類」的孤獨窘境。因此，也只能通權達變以適應生存。人事與環境，逼使回族本身逐步漢化。第三，信仰、風俗的轉化。回族信仰唯一真神——安拉（真主），漢族則雜信諸神。漢族女為回族婦，婦主中饋，大凡家庭生活及內務處理，男人一般不做干預。婦女們自幼耳濡目染於漢家習俗，乃下田耕池抽梁換柱。於是歡迎菩薩、福德正神之類的偶像公然入據廳堂；其後連王爺公、夫人媽也乘虛接踵而至；最終則為祖先立神主、設靈牌，為恐「若熬之鬼妥而」開始設供孝敬……，一切學步漢俗的後塵，漸忘己身之所自，幾乎走完「漢化」全程，而接近於終點。

據《鹿港鎮志·宗教篇》的記載：至於鄭氏時期有回教徒一事，則因今日鹿港已無人信奉回教而難以查考。傳說鄭成功來臺時麾下有回教部隊，驍勇善戰，在鹿港登陸以後，即定居下來。此即今日鹿港郭姓的祖先，居住地即郭厝，郭厝的回教部隊紮在營盤田。而據蔡懋堂（本地人）的說法鹿港以前有座模仿福建泉州府清真寺的回教寺院，大約是在「妖鬼埔」。以往鹿港普渡時，有一首普渡謠，將七月一日——八月四日每個普渡的地方角頭列出，其中十四妖鬼埔，十七郭厝，十八是營盤地，其中十七郭厝普渡時，並不用豬肉，這和回教徒不食豬肉若合符節。又據說日據時期，郭家人故世，彌留之際，特囑家人將他沐浴，用白木棉布包屍體，不得以道、佛儀式發喪，而必須到廈門去請回教的阿洪（共二人）來，並念誦郭家藏、用阿拉伯文寫的可蘭經。當時有許多其他郭姓族人來會葬，也要求阿洪依回教儀式為其祖先做追悼會。由以上兩個證據，約可證明日治以前，甚至可以追溯到鄭氏時期鹿港有回教徒。

散居於馬來西亞的華人穆斯林

　　馬來西亞是個伊斯蘭教國家，這裡的華人大多集中在檳城、雪蘭莪、馬六甲等地。據瞭解，華人穆斯林相對集中的就是雪蘭莪。馬來西亞的穆斯林不限於土著居民馬來民族，也有許多其他種族。例如，首都吉隆玻有數座「印度清真寺」，說華語的穆斯林也在與日俱增，他們是華裔穆斯林，多數說華語。華人社會中穆斯林組織向政府呼籲，要求建立華語清真寺，便於華人穆斯林互相溝通和學習，而且有利於在華人社區中傳播伊斯蘭。這樣就可以把分散居住的華人穆斯林由華人清真寺而凝聚在一起。

　　馬來西亞是一個多種族國家，馬來民族占 60%，印度裔和華裔是兩大少數民族，但這兩大族群中也有眾多的穆斯林。據統計，生活在馬來西亞的華人穆斯林人數超過五萬七千人，但沒有一座華語清真寺。印度裔穆斯林各地都有他們的清真寺，使用烏爾都語宣教，保持印度穆斯林的生活習慣。

　　霹靂州怡保市馬來西亞華人穆斯林協會會長（MACMA）會長法茲利・季先生說：「我們華人穆斯林，只能到馬來人的清真寺去禮拜，他們講臥爾茲和宣教都使用馬來方言巴哈薩語，我們不很熟悉。」他說：「不論什麼民族，穆斯林禮拜沒有多大區別，但是進清真寺的目的不光是禮拜，學習伊斯蘭是一個主要收穫。我們有許多人，只會說華語，聽不懂馬來話，感到很遺憾」。該市的穆斯林，在 2010 年 5 月 2 日星期五召集了一次大學習週末活動，邀請華人學者和伊瑪目用華語講解伊斯蘭，安排了三天的學術演講活動，滿足華人穆斯林對伊斯蘭知識和穆斯林時事的渴望。法茲利先生說：「這三天內，我們請多位學者演講，展開專題討論，以及華人穆斯林的文化活動。」

　　法茲利先生說，怡保市政府曾經許諾過，如果華人建造清真寺，州政府將撥款十萬元林吉特（馬幣）補助。他說：「政府對我們鼓勵，華人穆

斯林決心籌集資金和組織力量，使夢想成為現實」。

在上次大選中，國會中的政治結構發生了變化，執政黨失去了三分之二多數，在野黨在幾個州以伊斯蘭的名義爭取到更多的選票。這就為後面的選舉顯示了新的政治動向，他們認為，馬來西亞的穆斯林比歷史上任何時代的任何信仰都虔誠，對伊斯蘭教有深刻的理解和意識。從政府到民間，伊斯蘭精神生活化，密切貼近日常生活，成為穆斯林的生活指南。分散居住在馬來西亞的華人穆斯林，更需要有自己的文化場所，學習伊斯蘭教、舉行民族聚會、提高政治和信仰意識。[①]

如果這一訴求得以實現，華人清真寺將會成為華人穆斯林禮拜及聚會的一個重要場所。

關於馬來西亞華人穆斯林居住的情況，根據我們所掌握的情況是分散居住在馬來社會中的。我們可以把華人穆斯林分為這樣幾個群體進行研究：

第一，早期的華人穆斯林

在檳城調研中發現，這裡也有從福建泉州來的白奇郭姓和日湖郭姓，他們在對待信仰上與臺灣的白奇郭姓很一致。

圖 2-14　筆者在馬來西亞調查當年居住在姓郭橋上的郭姓人家現在的居住地

[①]穆斯林資訊網 http://www.mslxx.cn/News/Html/584.html（2011 年 4 月 5 日）。

筆者在馬來西亞調研時去了檳州郭氏汾陽堂，見到了汾陽郭氏聯合總會郭 WL 總務，他的名片上印著「不敢有負祖先遺願，但求無愧後代子孫」。

當我問到現在在檳城的郭姓，在祭祖或家中有人亡故時，有沒有拜豬肉與不拜豬肉之別的問題，郭先生說：「確實有這種區別，有些郭姓的是拜豬肉的，而有些是不拜豬肉的。區分這個主要從他們的祖籍地可以看出來」。來到供奉祖先牌位的地方，只見有四列排放著，有意思的是他指著祖先牌位告訴我，靠左邊這兩列（面對著祖先牌位）是拜豬肉的、靠右邊兩列是不拜豬肉的。

這個發現讓我興奮，終於看到在檳城的郭氏回民是如何在宗族廟裡祭拜祖先。原來即使同是郭姓，同認一個祖先汾陽王郭子儀，但是在祖先牌位的排放上也是要分開的。

圖 2-15　郭氏汾陽堂拜豬肉的祖先牌位

後來，在吉隆坡的調研中，還瞭解到一個情況，有位來自中國的新移民、穆斯林伊大夫告訴我，他說：

圖 2-16　郭氏汾陽堂不拜豬肉的祖先牌位

頭巾下的穆斯林
甘肅、臺灣與馬來西亞檳城穆斯林女性的田野調查及理論思考

馬來西亞的姓郭的其實都是回族,在檳城的郭氏汾陽堂裡有一個盒子,裡面放的是《古蘭經》,這更是他們為回教徒的有力佐證。在陳公司(陳氏宗親會)也有,姓陳的也是回族。他們祖先牌位供奉的兩個盒子,一個盒子裡面是《古蘭經》、一個盒子裡面是《聖訓》。

因為已經離開了檳城,也沒有辦法再去考證,只有等下次去時再核實了。但是,如果真像伊大夫所說的,在陳公司的祖先牌位中葉供奉著《古蘭經》和《聖訓》,那對陳姓的歷史也是值得去重新考究的。但白奇郭姓祖先為穆斯林這已是不爭的事實,只是其祖先牌位下的呈放的《古蘭經》之事也是需要再去核實的。以前,當他們的祖先來到馬來西亞檳城時就集中居住在姓郭橋上。[①]姓郭橋在 2009 年的時候被拆除了,建起了高樓大廈。

據檳城宗親聯合會祕書郭小姐說:「當時,政府要拆姓郭橋時,這些姓郭的就找到了當時華人穆斯林的領袖馬天英。馬天英給他們出主意說:『你們是回教,就把回教的標誌放在自己家門前』。這些姓郭的就在自家門前寫明自己是回教,當時,這座橋就保留下來了。當政府不拆橋後,這些姓郭的人家就把回教標誌拿掉,繼續他們以前的生活」。

但後來這座橋還是被拆除了。現在的情況是這些已經被同化了的、曾經集中居住在姓郭橋上的白奇郭都已分散開了,只有少部分居住在原來的姓郭橋被拆除後、在原址上所修建的大樓裡。在檳城的調研中,我們訪問

---

①姓氏橋:以不同姓氏命名的橋,故名:姓氏橋。之所以修建這些以不同的姓氏命名的橋,就是當年華人來到馬來西亞後,為了他們從海上運輸的貨物以及打來的魚等裝卸的方便,就修建了橋。後來,為了方便,就搭起了涼棚,邊休息邊等著貨物,再往後為了方便就住在這裡,後來就建起了房屋。

這些姓氏在這裡是相互競爭的,所以就以自己的姓氏命名,意味著其他姓氏的就不能用。

了駱氏同宗社，見到其執行祕書駱 JX 先生。駱先生給我們介紹了一些有關檳城華人穆斯林的狀況以及對華人改教的看法：

> 關於檳城華人穆斯林，他說有一些但是不多。有些人為了經濟的目的或者什麼有入伊斯蘭教的，但是少。在有些工廠，華人青年和馬來青年互相認識了就有可能結婚，這樣就要入教。入回教之後要有穆斯林的名字，但後面有姓，可以看出是華人。駱先生說：這些入了回教的華人，其實平時生活跟一般的華人沒什麼區別，我們的節日他們也過。我們過年給紅包，他們過年給綠包（穆斯林崇尚綠色）。

> 他接著說：華人入回教的不多，是因為我們的文化是受釋道儒三種文化的影響，是有文化約束力的。釋就是釋迦摩尼是佛教，道就是道教，儒就是儒家文化，這三者的影響是很大的。

> 問到有關郭氏回民的情況時，駱先生很知情的告訴我們：「從惠安或泉州遷來的郭姓他們是生前可以吃豬肉拜豬肉，但是往生了就不行。所以，他們在祭祖或辦喪事時是不用豬肉的」。

從上述談話中可以看到，華人文化對改信伊斯蘭教還是缺乏認同的。而對於自己家庭的皈依者，還是很難讓父母完全接受和理解的。同時，這些改教者也會面臨來自馬來社會的理解和接納的問題。

後來去的也算是早期的華人穆斯林也是散居在馬來社會中。這些人包括與馬天英同期的、那些已經過世的老人的後代。他們已是為數不多，其

中有些人已移居國外，如新加坡、美國、土耳其等地。所以其居住是一種散居狀分布於馬來社會中。

　　從早期華人穆斯林的居住來看，都是分散居住在馬來西亞各地。現在的白奇郭也都是分散居住、平時也來往不多。在馬來西亞所看到的福建泉州白奇郭姓宗親的情況與在臺灣看到的情況是一致的。只是在吃豬肉的解釋上有所不同，這也與郭姓祖先到達的地方以及生活狀況有關係。

第二，新一代華人穆斯林移民

　　在吉隆玻的調研中瞭解到，這些華人穆斯林也是散居在馬來社會中的。只是有一些還是會選擇華人比較集中的區域居住。

　　新一代的從中國移民至馬來西亞的穆斯林，他們會不定期的有一些聚會，有家庭式的，也有男性間的聚會，也有女性間的聚會。

圖 2-17　吉隆坡華人穆斯林家庭聚會

我們在馬來西亞調研期間，幸遇從中國青海移民至馬來西亞的伊大夫。他熱情地向我們介紹了馬來西亞華人穆斯林的狀況，並帶我們參加了華人穆斯林的聚會。讓我們身臨其境的感受到新一代華人穆斯林在那裡的生活及宗教狀況。

這個聚會是一個誦經活動。一個華人女孩嫁給馬來丈夫皈依伊斯蘭教，也是他們經常聚會的一員。不久前，心臟病發作突然去世。

大家今天相聚是念經禱告。這個亡故女性的馬來丈夫、馬來婆婆，抱著幾個月大的孩子都來參加這個禱告的聚會。大家為這個逝去的女性做禱告。

參加這個聚會的家庭大約有 12 個家庭的 30 多位華人穆斯林。感覺這個聚會分了三個階段。第一階段：禮拜：去時正好是禮拜時間，他們就都上樓做禮拜（約下午 5 點多）；第二階段：禱告，念誦古蘭經。男士們坐在一張地毯上，一開始由阿裡先生（中國新疆哈薩克族、URE 國際伊斯蘭大學教授）帶領誦經；後半段由敏先生（甘肅臨潭回族、一 college 教授）帶領誦經。參與者主要是男人和年紀大的婦女。其他的女性與孩子都在旁邊自由活動；第三階段：聚餐、隨意交談。自助餐，新疆風味。

這些新一輩的華人穆斯林，是從中國的甘肅、青海、新疆、四川等地移民而來的。

第三，改教穆斯林

在馬來西亞社會中，這些因為婚姻或其他因素皈依伊斯蘭教的華人穆斯林從居住上說也是散居在馬來社會中的。

這些人從社會歸屬與心理歸屬的角度看，是處於馬來社會與華人社會之間的群體。他們可能會遇到有些情況是華人或馬來人對他們的接納與認可的問題。但無論如何，他們散居的環境是伊斯蘭文化，是處處都有清真寺，因而在做禮拜等方面還是非常便捷的，在生活上也是沒有任何問題

的。所以說，這種分散居住僅僅是針對華人穆斯林而言的，而華人或華人穆斯林都是生活在充滿伊斯蘭文化的國度中。馬來西亞華人穆斯林協會會長馬琦先生說，馬來西亞華人穆斯林協會怡保分會將在近期①致函給霹靂州民盟政府，希望獲得州政府的支持和批准，以尋求一塊土地興建一所華人穆斯林的清真寺。馬琦表示，大馬人口中，每 100 名大馬華人就有一名華人穆斯林。如果能建立一座華人清真寺，可能就會彙集更多的華人穆斯林在一起。

在馬來西亞的調研中感覺到，皈依者大部分都認為自己以前有一些不良習俗（脾氣不好、喝酒、無所事事）；認為華人文化有些不好的，拜的神明太多、什麼都拜；沒有禮貌、講話大聲；彼此不友好，有什麼事情也不是很真心的關心、幫助。這種情況與 20 世紀 60 年代初，美國社會學家約翰·洛夫蘭德（John Lofland）和羅德尼．斯達克的研究是一致的。他們兩人實際上是最早出去觀察人們改教到一個新的宗教運動的人。（lodfland and Stark,1965;Lofland,1966）直到那時，對於改教最流行的社會科學解釋是失落已經意識形態的（或神學的）吸引來。就是說，檢查一個群體的教義，看它們講到哪種失落（Golck,1964）。②在馬來西亞的研究中注意到馬華改教為穆斯林的多願意挖掘華人文化的一些不良性，然後藉此來說明與馬來文化的對比。內心深處有一種強烈的融入馬來文化的願望，希望自己能以一個回教徒的身分儘快地融入馬來社會。他們有著強烈的認同馬來文化的意願。

根據目前掌握的資料，馬來西亞的華人穆斯林應該是皈依的比較多。早期來的馬來西亞的華人穆斯林居住也是與華人居住在一起的較多，現在

---

①近期是指筆者於 2011 年赴馬來西亞族田野調研的時期。
②Rodeny Stark and Roger Finke,Acts of Faith:Explaining the Human Side of Religion,University of California Press。P116-117

這些早期來到這裡的華人穆斯林已經分散到馬來西亞各地，有些已移居他國。　馬來西亞的華人是分散居住於各地，以雪蘭莪州較為集中。

居住空間分布的比較分析

　　從甘肅、臺灣及馬來西亞華人穆斯林的居住格局，我們可以感受到伊斯蘭文化及地域文化對其居住格局的影響。這種居住形式的不同與當地的文化氛圍與地域關係密切。我們看到居住於中國內陸甘肅蘭州的回民是圍寺而居的「大分散、小聚集」的居住格局，這是從伊斯蘭教傳入中國西北地區就形成的傳統的回族穆斯林居住形式。這是伊斯蘭文化及西北地域文化的影響所致，這種居住格局延續至今。可見，信仰的人群也會因宗教所牽動出其在文化、生活習慣等的方面的一致性，形塑出因宗教而聚合的族群樣貌，而伊斯蘭教可謂此種型態之最佳例證。在甘肅等西北穆斯林地區，即使是在城市化發展的現代，對老城改造中，安置穆斯林的新居也是要尊重他們的意願，儘量安置在一起。這樣又形成了新的族群社區Jamaat。

　　而臺灣的穆斯林居住分散與臺灣伊斯蘭文化的淡化有關，與臺灣穆斯林人數不多有關，也與臺灣伊斯蘭教的歷史不長有關，亦與臺灣多種多樣的漢人宗教信仰的影響有關。不管情況如何，穆斯林雖只是伊斯蘭的信仰者，但他們在現代社會中，尤其是像臺灣這種以非穆斯林為主的多元文化環境裡，回教徒的信仰與生活方式與大部分的主體族群不同。因此，作為其宗教信仰的伊斯蘭教，在相當程度上就成為凝聚他們族群意識與認同的重要因素，也是區分穆斯林與非穆斯林的主要標誌。臺灣的穆斯林居住總體狀況是處於分散狀態，遮住居住形式也是導致伊斯蘭教在臺灣漸趨凋零的因素之一。這種居住形式就影響到穆斯林去清真寺做禮拜，首先就是不便捷所致。我們在田野調查中瞭解到，臺南的清真寺平時都是不開門的，

主要是沒有人去做禮拜，只有在主麻日才會開。而去那裡做禮拜的又大多數是外籍人士，很少有自己本土的穆斯林去做禮拜。

馬來西亞是個伊斯蘭教國家。大馬憲法第一百六十條明文規定：「馬來人必須信仰伊斯蘭教……」。這就使得馬來文化與伊斯蘭文化緊密的結合在一起，使得馬來西亞成為獨具伊斯蘭風情的國度。所以，那裡的華人穆斯林即使居住很分散也不會影響到他們去清真寺做禮拜等宗教活動。他們可以走向附近的任何一個清真寺去做禮拜，他們可以時時處處感受到伊斯蘭文化的影響力和感染力。當然，華人穆斯林也希望有用自己語言宣教的清真寺，這樣對伊斯蘭教的理解會更準確到位。他們也在為此而努力著，也許不久的將來我們就會看到有一座真正的華人清真寺誕生。伊斯蘭文化在馬來西亞是強勢文化，所以，在那裡的穆斯林生活是非常的方便。我們從那些新移民的華人穆斯林身上能感受到他們在馬來西亞生活的方便與自在。這些穆斯林告訴我們，他們在馬來西亞生活的更像一個真正的穆斯林。因為不存在飲食、禮拜等問題或困擾。所以，作為國教為伊斯蘭教的馬來西亞應該是為穆斯林提供一個宗教文化氛圍，同時形成的地域文化又具有極大的感染力，深深地吸引著穆斯林。

所以，馬來西亞華人穆斯林的散居與臺灣穆斯林的散居是不同的。臺灣穆斯林是散居在漢人社會和其他宗教文化中，而馬來西亞的華人穆斯林是散居在伊斯蘭文化的國度中。前者可能會弱化伊斯蘭文化的影響力，後者可能會強化伊斯蘭文化的影響力。臺灣穆斯林的這種散居狀態可能也是導致臺灣伊斯蘭教漸趨凋零的一個因素。

頭巾下的穆斯林
甘肅、臺灣與馬來西亞檳城穆斯林女性的田野調查及理論思考

穆斯林女性的婚姻

通婚與地域

有關華人穆斯林的通婚各地表現出比較大的共同性，
那就是無論是在甘肅、臺灣，還是在馬來西亞，穆斯
林首選的結婚對象一定是信仰伊斯蘭教的。但是，現
在與他族通婚的也越來越多，如在甘肅回族姑娘或男
孩子嫁給漢族男孩或娶漢族姑娘的也有很多，但前提
是要對方皈依伊斯蘭教。

三地穆斯林女性婚姻

　　儘管我們的研究地域跨度很大、文化差異性也很大，然而在對婚姻對象的要求上卻呈現出極大的相同性。這種對婚姻對象的宗教要求上的共同性應該是與信仰、與伊斯蘭教有著直接的關係。

甘肅穆斯林通婚狀況

　　甘肅回族通婚在以前基本上是族內婚為主，所以在以前會出現近親結婚的情況。20 世紀 80 年代，曾有學者對蘭州市一個回民巷——新華巷進行有關婚族婚配方面的調查，發現那個時候近親結婚率還是比較高的。在 1982 年對蘭州市新華巷居民進行的調查中，所選定的調查對象是該市人口最密集、又居密集區中心、以回民較為集中的一個居委會的全體居民。總共調查了 522 起婚配及其子女的健康狀況。對調查對象不加任何選擇，在居民委員會工作人員的陪同下，以戶口名簿作參考，挨家挨戶地調查，採取詢問方式，凡現在已婚配者，都看作一起婚配，詳細登記在調查表上。調查專案包括婚配雙方姓名、性別、民族、出生年月、職業、是否近親婚配、近親類型、生育子女數、胎次、子女性別、出生年月、健康狀況、死亡原因。在這裡是把有直接血統關係、在三代以內看作近親婚配，四代以外看作隨機婚配。該調查顯示，所調查的 522 起婚配中，回族 413 起，其中三代以內近親婚配 21 起，占回族婚配總數 5.1%。漢族 103 起中有一起是近親婚配，占漢族婚配總數的 1.0%。顯然，回族近親婚配率比漢族高 5

倍。[1]

就婚姻而言，中國西北鄉村社會的自由度是較小的，不像城市社會和臺灣與馬來西亞的那樣自由。但是生活於城市中的穆斯林女性也與其他的女性一樣是有著婚姻選擇自由的。我們在馬來西亞田調時遇到的來自中國青海的穆斯林伊大夫，是青海循化縣人。伊大夫是個中醫師，兼做傳教。他給我們的印象是溫和、平靜。他移居馬來西亞十多年，對自己家鄉的穆斯林及馬來西亞的穆斯林都有著深入的瞭解。他說：

> 西北的回族女性教門好、溫良。她們生活的不可憐（有些人認為西北穆斯林女性生活的可憐、地位低，對丈夫逆來順受）、很幸福。
> 比起馬來西亞的女性，應該是馬來西亞的受的教育高，西北的受教育低。[2]西北的婚姻不是自由的，這裡的婚姻是自由的。這邊的女性更獨立、自主。

他談到的更多是西北鄉村社會中的穆斯林女性。但就城市社會而言，甘肅蘭州的回族與臺灣和馬來西亞的穆斯林婦女一樣有著比較大的自由選擇對象的權力。甘肅或其他西北城市的穆斯林女性可能會面臨的一個問題就是婚姻對象的問題。因為，她們出去接受教育、參加工作，就會有比較多的機會接觸外界，因為有很多自由戀愛的。那麼，戀愛對象有可能不是穆斯林，在走向婚姻的路途上就會經歷一些的波折。

在甘肅，回族與漢族通婚有時候也會遇到來自雙方父母及家族的阻

---

[1]魏中和、伍蓮生：蘭州市新華巷回民近親婚配及其子女健康狀況調查的初步報告 《優生與遺傳》，1982 年（1）。

[2]伊大夫眼中的西北穆斯林主要是指的西北鄉村社會的穆斯林女性，她們的確受教育程度很低。大部分中老年以上的女性沒有多少文化知識。

力。

LX 小姐：在我的課堂上有一個帶著紗巾的漢族穆斯林女孩[1]，約 24 歲。她就向我哭訴說，自己是漢族，但是自從認識一個回族男孩子並墜入愛河後，她就皈依了伊斯蘭教。兩個人感情非常好，可是，男孩子的父母無論如何也不同意。儘管她以伊斯蘭教和古蘭經來嚴格要求和約束自己，可是男孩的父母最終也未能接納和同意。

男孩子在頂不住家庭壓力的情況下與她分手了。她說她也不後悔入教，她以後還是會選擇回族作為自己的丈夫。[2]

這種情況現在已經慢慢有所改變，回族的通婚圈也在擴大。除了族內婚外，也向其他族群擴展，如：東鄉族、保安族、撒拉族等穆斯林民族。另外與漢族通婚的人數也在上升，尤其是在蘭州市，回漢通婚率較之以前是有所增加。

一個回族學生告訴我們，她妹妹和一個漢族男孩子談戀愛，搞的她父母很鬱悶。我問她男方父母的態度，她說男方父母是同意的，也願意讓兒子入教。可是，她自己的父母還是在猶豫，一時還不能接受。後來，又過了約兩個月，她告訴我說她父母親已經同意了妹妹的婚事。

雙方父母都見了面，彼此都很滿意。男方父母還表示一定會尊重對方的風俗習慣與宗教信仰。

像以上這樣的回漢通婚的在蘭州市已經不是什麼稀奇的事情。無論是回族漢族當事人的父母，還是回族社會、漢族社會都是以一種較為寬容的心態來對待回漢通婚。

甘肅穆斯林通婚的狀況主要還是教內婚，但是其通婚圈也在延展。延展的前提是對方必須要入教的。

---

[1] 漢族穆斯林：我們一般把漢族皈依伊斯蘭教的稱為漢族穆斯林。
[2] 甘肅蘭州報導人 LX 小姐口述（來自蘭州），2010.5.20。

臺灣通婚狀況

臺灣本土的穆斯林因為是散居在各地，所以增加了我們調研的困難。從瞭解到的情況看，臺灣穆斯林因為選擇範圍所限，通婚圈也是有很大擴展。包括與漢族和外國人通婚狀況都是較為普遍的。

臺灣穆斯林中也有些是漢人皈依伊斯蘭教的。我們調查中，接觸到一個個案，她說自己是漢族，去過很多國家，最後找到了伊斯蘭教作為自己的信仰。當自己一開始裹頭巾時，媽媽怎麼都不能接受，但是現在就很尊重自己的選擇。他的丈夫來自約旦，有兩個孩子。現在在臺灣中國回教協會任職。

生活在中和等地的、來自泰緬的華僑穆斯林，大多居住在中和的緬甸街附近，有一些人是以做小生意為生。從對臺灣穆斯林，主要是泰緬歸僑穆斯林的調研中瞭解到，他們婚姻的對象也多是以教外婚為主的。也就是這些穆斯林在選擇婚姻配偶方面，有一部分找的是非穆斯林的。

龍岡清真寺的馬先生先生告訴我們，如果是男性找的外教的女的一般會進教。因為，中國文化是「嫁雞隨雞嫁狗隨狗」。那麼，女的嫁給外教的，基本上就不信仰了，這也是目前臺灣穆斯林發展中面臨的一個問題。

馬先生也給我們談到一個姓丁的案例。鹿港的丁姓如同郭姓一樣，其祖先也是信仰回教，但現在鹿港的丁姓也是被同化了。

其生活與當地的漢人一樣。這個丁姓青年娶了個印尼太太，這樣他就又回到伊斯蘭教中。他和太太每週都會來清真寺做禮拜。

馬先生說：他自己有兩個女兒，一個在報社做記者、一個在大學讀碩士，在做龍岡清真寺的研究。他給女兒提出找對象的條件有兩個：一個條件是他必須是一個好的穆斯林、一個條件是他必須是愛她的。當我問他：如果他女兒找的不是穆斯林但是非常愛她，而且要進教，這樣行嗎？他說

這樣也是可以的。[1]

因為選擇範圍的局限性，在通婚方面，臺灣的穆斯林對與非穆斯林通婚普遍是可以接受的。

前面提到的鹿港的郭姓人家，這些是基本漢化了的回民。他們中的白奇郭祭拜祖先時是不拜豬肉的，這點與其他郭姓人家有所不同。但他們的通婚、日常生活和其他習俗與周圍的漢人是一樣的。

我們在鹿港調研時，遇到一對郭姓夫婦，他們的婚姻是具有典型意義的。這個家庭的男女主人公都姓郭，只是女主人家裡是不拜豬肉的，娘家祖籍是福建泉州的白奇郭；而男主人家裡是拜豬肉的，祖籍是福建泉州的日湖郭。他們兩人是在同一家工廠做工時，經由工廠老闆娘介紹認識。

圖 3-1　郭氏夫婦先生為拜豬肉的郭姓、太太為不拜豬肉的郭姓

郭 RM 小姐說：我跟他（指她丈夫）談對象，家裡人不同意。一方面是我們都姓郭，另一方面，我大他兩歲。父母不同意，覺得是同一個姓氏不好，血緣太近。後來一聽說，男方家是拜豬肉的，而我們娘家是不拜豬

[1]臺灣中壢報導人 MXX 先生口述（來自桃園），2011.5。

肉的，這樣父母覺得即便是都姓郭，可是一個是拜豬肉的、一個是不拜豬肉的，說明血緣不近；我也是跟他認識以後才知道姓郭的有拜豬肉和不拜豬肉的。可是他們又覺得，我比他大兩歲不好，說女的很快就老了、像個黃臉婆，而男的年輕。可是，後來也經不住他的追求就同意了。

現在我都隨著婆家的習俗，祭祖時也拜豬肉，就跟自己的丈夫一樣了。

但是，娘家還是跟以前一樣是不拜豬肉的。

我們家在祭拜祖先時，用刷子把平時用過的鍋使勁刷，刷的乾乾淨淨來祭拜祖先。因為平時是吃豬肉的。小時候的印象是挺麻煩的，得刷鍋子，過年只能吃雞、魚，不能吃豬肉。

我的一位大嫂從日湖郭嫁進白奇郭，也就是與我們的案例正好相反，從拜豬肉的嫁入不拜豬肉的。[1]

鹿港郭姓的現狀實際向我們展示的是被同化了的穆斯林後裔現在的文化及生活狀況。他們對於伊斯蘭教的信仰是留給了後世而非今生。據傳，郭氏先輩曾告訴後裔「生者已違背祖教，死者應重歸清真」。因此，世代相傳，遵循祖先遺訓，凡遇喪事，均依歷史傳統，或多或少地保存著一些回回民族喪葬風俗。[2]

從我們的調研中可以看到，臺灣穆斯林的通婚有如下形式：

一是教內婚。這部分人數是很有限的，因為臺灣穆斯林人數本身就不多，在臺灣穆斯林本土穆斯林內部結婚的人數不多。即使從泰緬來的歸僑，他們相對集中的居住在中和、永和等地，他們的年輕人在選擇婚姻對象時也是只有很小的一部分在教內選擇。

---

[1]臺灣鹿港報導人 RM 小姐口述（來自鹿港），2011.3。
[2]董秋潤「泉州陳埭丁姓、白奇郭姓回族習俗的演變」，載於《回族史論集》，雲南民族出版社，1989 年，頁 510。

二是教內外籍婚。這部分穆斯林嫁娶的物件是來自外籍的穆斯林人士。如有娶印尼、馬來西亞、巴基斯坦或非洲穆斯林國家的太太，也有嫁給這些國家或地區外籍丈夫的。

三是教外婚。這部分穆斯林的結婚物件是外教的，包括臺灣漢人。我們在臺北、中曆、高雄、臺南等地瞭解到的情況是，臺灣穆斯林結婚大部分都是與外教的結婚，而且對方也不入教，他們本身也沒有要求。因為也沒有要求對方入教，所以穆斯林本身也因為婚姻的緣故淡化了信仰。

馬來西亞穆斯林通婚狀況

馬來西亞是一個伊斯蘭教國家，華人穆斯林生活在那裡，在宗教上沒有問題、很適應。只是在通婚上，我們瞭解到情況有以下幾種。

早期移入馬來西亞的華人穆斯林的婚姻對象已很難考證。

現代的新移民群體是從上個世紀 80 年代至 90 年代從大陸由於留學等原因移入的華人穆斯林。這些人大多是舉家遷入，所以在中國時就已經結婚，帶著自己的妻子或丈夫移居馬來西亞。他們年紀大約在 40—50 歲左右，孩子們從上小學、初中、高中及大學的都有。這些新移民在馬來西亞社會中處於中產階級或中等偏上的階層，生活是比較富裕和悠閒的。我們調研中遇到的約十二對的華人穆斯林夫妻都是屬於新移入馬來西亞的華人，他們中的男性大多在高校當教師，或者在 IT 行業任職。

還有一種就是改教者。這些華人穆斯林大都是以婚姻的形式皈依伊斯蘭教的。在馬來西亞社會中，有一些華人嫁給馬來青年，或者娶了馬來太太，那麼他們就都皈依了伊斯蘭教。這些華人穆斯林處於兩個社會的交叉處，也面臨一些特殊的問題。

現在皈依的馬華穆斯林面臨的問題可能有兩方面：一是來自自己家庭的。現在的華人對他人加入回教已經比較寬容了，但是對於自己家裡的人

入回教還是不能接受的。

　　有一華人女性曾找到王 LL 博士，說她有兩個女兒，現在大女兒找了個馬來人要結婚。可是她還有一些財產，以前想的是兩個女兒各一半，現在就不想這樣了。她說自己聽說按照馬來人的法律，夫妻的財產是共同的。如果她女兒將來跟那個馬來丈夫離婚，財產的多一半是要歸她的。如果她女兒亡故，所有的財產是要歸她的馬來丈夫的。所以，這位婦人說她是不願意的，現在只有把所有的財產都給小女兒，等她大女兒有需要時再由小女兒來設法給予幫助。王 LL 博士就說，這個是可以諮詢律師的，她就幫她找了律師。最近沒有聯繫，不知情況如何。[①]

　　這個個案讓我們感受到的就是，儘管華人社會已經可以接納華人因為婚姻等皈依伊斯蘭教，或者說一些家庭也是無可奈何的接受了自己女兒或兒子的與馬來人的婚姻，但是在情感上很難做到真正的接納。

　　下麵的這個案例可以讓我們看到華人女孩因為婚姻而皈依伊斯蘭教的自我感受：

　　AH 小姐（皈依的華人穆斯林改教者）16 歲時信仰基督教，因為自己的一個姑姑就是基督徒。每週去教堂，很喜歡聽唱詩班的唱詩。後來，在工廠做工時認識了自己現在先生，覺得兩人很投機，慢慢就開始瞭解他的宗教。後來確定了戀愛關係。

圖 3-2　AH 小姐與她的馬來丈夫

① 吉隆玻報導人 WLL 博士口述（來自吉隆玻），2011.4.30。

我以前脾氣不好，有次跟自己的姨姨因為話不投機，拿起摩托車頭盔去打姨姨，脾氣很暴躁。現在家裡人說我跟以前完全是判若兩人。

我們剛結婚時，家婆來家裡住，也有矛盾。我家婆嫌我的馬來話講的不地道，挑剔我。我丈夫就對他自己的媽媽說：「你不要這樣要求她，她都講了20多年的話語了，怎麼可能一下子就改呢」。慢慢的，家婆也就不對我提要求了。而我一開始也是很生氣，覺得家婆怎麼這樣不好相處呢。後來，慢慢想開了，就把家婆當自己的媽媽，她如果不關心我就不會說我，說我就是關心我」。

我跟丈夫家人關係好，丈夫家有兄弟姊妹十個孩子，他是第十個。他媽媽六十多歲（我們聊天時她接到一個電話，後來告訴我是他姐姐打來的）。我覺得自己找對了宗教、找對了丈夫。即使有一天我丈夫過世了，我也不會退教，我會把兩個孩子帶大的。我是因為信仰，而不是純粹是為了他。如果為了他而入了教，那如果有一天他不要我了我怎麼辦哪，那我就什麼都沒有了」。

我剛結婚時，媽媽問我：『馬來人是可以娶四個老婆的，如果他要娶你怎麼辦』？我就說：「那就看情況了。如果將來條件好了、孩子大了，他要娶我也是可以接受的。」[1]

與這個華人穆斯林女孩子的接觸，使得我對這些皈依者有了進一步的瞭解。她們大多數經歷了與自己家庭的抗爭、也經歷了與自己內心的抗爭，同時還要面對一個全新的馬來家族及社會。但是，這些似乎增加了她們對自己信仰的資訊、也堅定了自己的追求。或許這就是一些華人皈依者的心裡寫照。

---

[1] 馬來西亞檳城報導人 AH 小姐口述（來自檳城），2011.4.30。

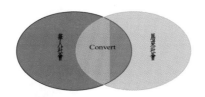

圖 3-3　在華人社會與馬來社會之間的 Convert

　　在這些改教者的左邊是華人社會，右邊是馬來社會，華人穆斯林就是中間的交集，他們在兩個社會中都面臨不同的問題。

　　蘇 W 小姐，瘦弱、不多說話。她是來自華人家庭，父母都會講華語，但她不會，我們就用英文交流。她說自己 25 歲，家裡就她一個孩子。

　　在認識丈夫的第二天就入了回教，結婚一年多了，父母一直不原諒。

　　說到這裡，蘇小姐難過的低下了頭。他丈夫在一邊勸她，並跟我說她現在很孤獨。

　　她邊哭泣邊對我說：「自己都不知道該怎麼說，一提起父母就難受、就很害怕。覺得自己很孤單」。

　　他丈夫對我說：「我必須好好照顧她，她現在很孤獨。他丈夫說，他們會在合適的時候再去看她的父母，求得他們的理解。」[1]

　　看著哭泣的她、摸著她一直在顫抖的手，我都不知道該說什麼，自己也覺得好沉重，不知道該怎樣才能讓她輕鬆些……我看到她自始至終渾身都在顫抖，有時哽咽的說不出來話。她與馬來人的婚姻至今都沒有得到父母的諒解，看得出來，她所面對的來自父母的壓力已經幾乎要壓垮這個瘦弱的女孩子。

現在華人皈依伊斯蘭教的狀況有所改變，無論是華人社會或者是馬來社會

---

[1]檳城報導人 SW 小姐口述（來自檳城），2011.4.22。

對這些人也多了一些的理解和寬容。可是面對自己家人的問題時， 還是顯示出了不理解和不接納。

此行馬來西亞帶著這樣的問題，我們對一些華人進行了訪問。當我給一個華人老太太說到上述個案中的女孩子內心的痛苦時，她說：

圖 3-4　SW 小姐（左一）哭泣著對筆者訴說婚姻沒有得到父母的接納

> 這不是自己找到痛苦嗎？放著好好的生活不過，非要
> 過那種不被人理解和接受的生活，這是何苦呢？[1]

我在馬來西亞做調研時遇到一個出租車司機，年紀接近六十歲。他說今年（2011 年）幹完後就會退休。當問到他們怎麼看待華人入回教的事情，會不會歧視他們時，他說道：

我們不會歧視啦，這是個人的事情、是他自己的選擇。一個人有選擇自己信仰什麼的自由[2]

從這些華人的談話中可以看出，他們對那些皈依了伊斯蘭教的人的心態也在發生變化。據說，在多年前是不可能的，那些皈依者在華人社會中是被歧視的。

---

[1]檳城報導人 W 太太口述（來自檳城），2011.4.25。
[2]吉隆玻報導人 L 先生口述（來自吉隆玻），2011.4.30

地域文化對穆斯林女性婚姻的影響

　　這裡談到的文化既包括宗教文化也包括地域文化等。三地穆斯林的通婚也可以看到，伊斯蘭文化的影響力及地域文化的影響力。

　　在中國內陸穆斯林聚居的地區，通婚的主流依然是教內婚。即使現在這種約束不是十分強烈，但伊斯蘭文化依然是一種無形的力量，制約著穆斯林的婚姻。甘肅穆斯林女性在婚姻對象的首選上還是以穆斯林為先，有些是必須在教內選擇。她們可以選擇同是信仰伊斯蘭教的東鄉族、保安族、撒拉族等，也很少會選擇漢族等信仰不同的民族。即使很少的一部分因為工作等原因喜歡上了非穆斯林，也是要進行一番痛苦的歷程。很多人在這個過程中就被迫放棄自己的愛情，這種壓力可能來自雙方的家人、可能來自伊斯蘭文化的影響。

　　而臺灣地域文化影響下的臺灣的穆斯林大多是教外婚。這種婚姻形式與穆斯林人數少、可選擇餘地小有關，與臺灣伊斯蘭文化的弱勢有關，也與臺灣本身的山地與文化關係密切。在伊斯蘭文化濃鬱的西北甘肅穆斯林地區和馬來西亞，一個穆斯林女性或男性要嫁或者娶非穆斯林的前提是對方必須入教，否則，就很難建立雙方的婚姻關係。而在臺灣，穆斯林嫁給非穆斯林就出教了，男方也不進教。他們也不用承受來自伊斯蘭文化或家族勢力的壓力。臺灣本身就是一個信仰極度自由的地方，人們可以自由的選擇自己的信仰。據馬 XQ 祕書長介紹，在臺灣一個人可以信仰好幾種宗教，信教的自由度是很大的。

　　作為國教為伊斯蘭教的馬來西亞，以前也是很保守的。如果有他族的與馬來人結婚，他們也是瞧不起的。在馬來人看來，伊斯蘭教是他們自己

的，他們是國家的主體民族，其他民族的入教就是像沾光等心理也是有過的。現在，他們的婚姻形式也是較為開放民主的。馬來人可以和華人、印度人、新加坡人、巴基斯坦人等結婚，但前提是婚姻的對象必須進教。所以，在馬來西亞，這種族際婚姻是比較多的。在馬來西亞，只要是跟馬來人結婚，就都是改教者。

筆者在馬來西亞田調時，參加了他們為這些改教家庭所舉辦的一個Program。按照教義、教規，給新加入伊斯蘭的夫妻講述伊斯蘭的意義、如何成為一個真正的穆斯林等。新入教的有華人、印度人，還有其他種族的。檳城除馬來人之外的穆斯林有 7、8 千人。每年新入教的約 200-300人，有華人、印度人等，而這些入教的現在基本上都是因為通婚。而華人與馬來人通婚的前提也是皈依伊斯蘭教，那麼，這些改教華人無論男女都會面臨來自華人社會和馬來社會的理解和接納的問題。在我們的調研中發現，幾乎是 99%以上的華人改教者都經歷了或正在經歷與自己原生家庭的衝突與抗爭。他們中的一部分可能已經取得了家人的理解，而有些人依然沒有得到家人的諒解。這種跨種族、跨越宗教的婚姻在繼續，他們面臨的問題也許會伴隨其一生。

所以，儘管是穆斯林的婚姻，三地還是表現出很大的不同，而導致這些不同的主要因素可能就是伊斯蘭文化與地域文化及政治文化等的關係。

性別的關注

穆斯林女性社會性別

伊斯蘭教以一神信仰為基礎，唯一的至上神「真主」是信仰與生活的源泉、這種特殊又親密的關係將其生存與信仰緊密結合在一起。伊斯蘭教十分重視現實社會實踐與日常生活緊密結合，不主張信徒出家修行。伊斯蘭教把自身完全融入到人們的日常生活中、並宣化為穆斯林民眾獨特的生活方式，讓人們在遵行真主的律法中生活、在生活中踐履宗教，從而將宗教與生活緊緊地聯繫在一起。

他們的衣食住行、生兒育女的各種活動一方面屬於日常生活的範圍，同時也屬於其宗教生活範疇，在踐行真主律法命令的同時，就構成了其社會生活。伊斯蘭作為一種天啟的生活方式，不僅表現在對造物主的信仰，同時也體現了一種超越人類精神的生存智慧，而她對婦女與社會及家庭關係方面的原則性指導，更是表現出這一智慧的真正光輝。伊斯蘭教的方方面面折射在女性日常的生活中。

關於穆斯林女性——直接回到《古蘭經》

　　伊斯蘭教婦女觀是在伊斯蘭教創立過程和阿拉伯社會特定的歷史人文背景下逐漸形成的。在伊斯蘭教向世界各地傳播的過程中，受到當地文化習俗的影響，又經歷了一個本土化的過程。伊斯蘭教婦女觀作為伊斯蘭教的一種意識形態，已完全與她們的日常生活交織在一起。關於這點，我認為可以用「生活即宗教，宗教即生活」來形容。

　　伊斯蘭教產生前，阿拉伯半島遊牧民中的婦女地位極為低下。遊牧經濟是以男子的勞動為主，婦女在這種經濟中處於男人附屬的地位，一夫多妻製成為當時家庭生活的主要形式，對婦女的輕視又導致活埋女嬰的現象十分普遍。馬來西亞回教領袖馬天英先生在他的〈回教淺說〉一文中曾談到：「……我們中國固有文化『女子在家從父母，出嫁從丈夫，夫死從兒子』，此之謂『三從』。不獨中國如此，就是印度的婆羅門教，歐洲的古希臘全都是鼓吹這『三從』的。佛教說『若要脫離苦難而得救（Nirvana'）非脫離女人不可』。亞當說『你（上帝）給我的女人給了樹上的果子，我吃了』。還有其他宗教硬認為女子為不祥的。把人類原罪一總推在女人身上，使女人無有辯護的餘地……就是阿拉伯唯有回教以前，又何嘗不是待女子如牛馬。婦人如若生出女孩，馬上要受丈夫的毒打，並且將女孩子活埋。這一種重男輕女的風俗，直到今日還是流行於世界的很多角落。」[1]伊斯蘭教創立後，穆罕默德針對這些歧視婦女的落後習俗進行了幾項改革：首先禁止活埋女嬰，要求穆斯林愛護兒童；其次禁止無限

甘肅、臺灣與馬來西亞檳城穆斯林女性的田野調查及理論思考

頭巾下的穆斯林

---

[1]馬天英著，「回教淺說」，載於民國二十八年回教救國協會刊本，載於中國宗教歷史文獻集成之《清真大典》（98）周燮藩主編，合肥：黃山書社，2005，10月，頁伊23-100

制的一夫多妻制，代之以最多只能娶四位妻子。《古蘭經》說：「你們可以擇娶你們愛悅的女人，各娶兩妻、三妻、四妻；如果你們恐怕不能公平地待遇她們，那麼，你們只可各娶一妻。」

伊斯蘭教還給予婦女繼承財產權：「男子得享受父母和至親所遺財產的一部分，女子也得享受父母和至親所遺財產的一部分」。並規定女子繼承的財產等於男子繼承的二分之一。伊斯蘭教還給予婦女作證的權利，規定兩個女子的證詞抵得上一個男子的證詞。在「回教淺說」一文中，馬天英先生解讀道：「《古蘭經》上說『女子是男子的衣裳，男子是女子的衣裳』。又說『看，順真主的的男，順真主的女，信真主的男，信真主的女……真主全給他們預備了特赦及雙倍的賞賜』。又說『女子的權利與男子同，雖然男子高於女子一級……」[1]

圖 4-1　懸掛於龍崗清真寺的叮囑教育人們孝敬父母的條幅

聖穆說「女子是『穆薩那，防魔的石堡壘』。又說『天堂系在母親的足下』」。[2]

但事實上，伊斯蘭教先知穆罕默德並不認為男女應該平等：「男人是維護女人的，因為真主使他們比她們更優越，又因為他們所費的財產，賢淑的女子是服從的……」他認為妻子應當服從丈夫。他說「火獄中多為婦女」。因此要她們「降低視線，遮蔽下身」，要她們安居家中，「不要炫露你們的美

[1]馬天英著，「回教淺說」，於民國二十八年回教救國協會刊本，載於中國宗教歷史文獻集成之《清真大典》（98）周燮藩主編，合肥：黃山書社，2005，10月，頁伊 23-100。
[2]Ibid，頁伊 23-100。

麗，如從前蒙昧時代的婦女那樣。」穆罕默德還要求自己的妻子們蒙上面紗，從而演變成穆斯林婦女出門必戴面紗的習俗。穆罕默德也不主張婦女參政：「讓女人統治自己的人是不會成功的。」甚至還規定「崇信真主的女人無人陪同不能旅行一晝夜。」在伊斯蘭教中男女最不平等的莫過於休妻制（塔拉克），丈夫有單方面的休妻權，他只要對妻子連說三聲「我要休了你」，妻子就算被遺棄了；但妻子在這方面的主動權和話語權就較少。

　　隨著近代西方婦女解放運動的發展，伊斯蘭教有關婦女的規定成為穆斯林婦女解放的桎梏，妨礙著婦女地位的提高。一夫多妻制和休妻制使婦女在婚姻上不平等；深閨制使婦女處於與世隔絕的狀態。此外，很多穆斯林婦女沒有政治權利，她們一生扮演服從丈夫、侍候丈夫、養育孩子的角色。一千多年來大多穆斯林婦女被排斥在政治、經濟和社會生活之外，她們的地位越來越低。當近代歐洲女權運動蓬勃興起，爭取男女平等如火如荼時，穆斯林婦女世界仍是一片沉寂。

穆斯林的性別分工

從伊斯蘭的角度出發，可以充分肯定的是婦女在靈魂、人性及人格方面與男子同等，都是安拉在大地上的代治者。婦女同男子互為伴侶和協助者，任何人都不能將婦女當做一種物品或隸屬物來對待。婦女享有一定權利，也應盡相應的義務。但由於男女之間在生理、心理及社會職能等方面存在著不可否認的巨大差異。他們彼此所享的權利和所盡的義務有許多不同之處。伊斯蘭重視個人、家庭及社會各個方面的建設，不偏重任何一方，不走向極端。

男子和婦女在各方面擔當了不同的角色，這是任何人為的生活制度所無法超越的。伊斯蘭教認為正因為這種不同的分工與協調才使人們真正步入美好的、健康的生活。《古蘭經》、《聖訓》是伊斯蘭教的最重要的經典，在其中涉及了婦女地位、作用、權利、義務、婚姻、家庭、子女諸方面，反映了伊斯蘭教自成體系的婦女觀。

穆斯林女性社會地位

在伊斯蘭教經典中對男女平等進行原則性申訴。伊斯蘭教將男女平列並舉，在宗教領域對男女平等看待。《古蘭經》強調：「凡行善的皈依者，無論男女，我必定使之生活美滿如意，我必定按他們的善功回賜善遇。」不論男女，只要認真奉行伊斯蘭教的教規、教義，都會因為其努力同樣得到來自真主同等的回報。

伊斯蘭教認為，婦女可以到清真寺參加集體禮拜。《聖訓》中說，「你們不要阻止真主的僕女們到寺禮拜。」主張婦女原則上可以參加宗教

和社會工作，只有經期、有病等特殊原因才有禁止。

伊斯蘭教承認在日常社會生活與經濟交往中，女子同樣可以擔當重要角色：如訂立契約、作證擔保等方面，婦女都可以參與，婦女的名譽受到保護，嚴禁對婦女的誹謗污蔑。伊斯蘭的立法依據，又與自己的天性相協調的方式，使自己在社會上恰如其份的佔據其應有的位置，執行真主的法規，和伊斯蘭律例，維護婦女的權益和尊嚴。不論是身為母親，或為人妻，或屬女兒，都有其各自的作為，都應有自己的地位，得到應有的尊重。婦女們為了提高自己的文化知識水準，實踐自己代替真主治理大地的目的，在各種社會事務活動中，發揮其天賦的作用。伊斯蘭教主張男女平等，婦女們有權參與宗教生活及社會活動；婦女在經濟上和男子一樣擁有簽定契約，經營企業和管理財產等權利；在政治上，婦女有選舉權和被選舉權，並有參政議政和管理國家的權利；婦女和男子應一道共同推動社會的發展，共同為伊斯蘭事業貢獻自己的力量，從而獲得真主的恩惠。

伊斯蘭教強調婦女和男子一樣有參與社會活動和經濟活動的權利。伊斯蘭教法規定婦女參加社會活動，要得到父親或丈夫的同意，不能幹一些與男人混雜的工作。這是伊斯蘭教律所規定的。女人走出家門參加社會活動或工作，應遮住身體，穿寬鬆式長衣長褲，戴上蓋頭，用伊斯蘭教律把自己武裝起來。女人在社會上工作，一樣能推動社會的發展，擴大生產力，女人在家中更起著無可替代的作用，做著無可替代的工作。沒有主婦、沒有母親的家庭是不溫暖的家庭。因為家庭會產生社會的幸福，個人幸福。家，也是靈感的源泉，是幸福的苑地。科學實踐證明，教法引證天經所規定的：哺乳嬰兒，調理孩子的饑飽冷暖，從心理上讓孩子盡情地享受母愛，從物質上料理孩子的生活，注意孩子的健康衛生等事務的最佳人選是母親。伊斯蘭以協調、穩步的基礎設計了社會組織成員的各類生活方式，家庭天然的生活模式是其一種。至於其他，隨著社會的進步與發展，

將也不斷為安拉所指示所允諾，成為協調人類社會的多元化和多樣性的調濟品。

婚姻家庭責任

伊斯蘭教與其他一些禁欲主義的宗教相反，反對獨身主義，主張男大當婚，女大當嫁。先知曾說：「結婚乃我規定之行為準則，違背我之規定者，不是穆斯林。」又說：「男人僅是一半，另一半須以婚配來補上。」婚姻生活是每個穆斯林生活的重要組成部分。馬天英先生在他的「回教淺說」中談到「聖穆說『結了婚的女人，完成了他的嘴角的一半』。又說『教育在回教，男與女人身上為定制』。又說『真主命吾人寬待女人，因為女人系吾人之母，吾人之嬬及吾人之女故也。』又說『女人是家室之王后』。又說『男人賺來的財帛歸男人，女人賺來者歸女人』。」[1]以上幾段天經與聖訓，足以證明回教對女人的態度。正如《古蘭經》所說：「他的一種跡像是：他從你們的同類中為你們創造配偶，以便你們互相依戀她們，並且使你們互相愛悅，互相憐憫。對於能思維的民眾，此中確有許多跡象。」（30：21）「真主以你們的同類做你們的妻子，並為你們從妻子創造兒孫。真主還以佳美的食物供給你們。」（16：72）真主要求或者規定男人與女人必須結成夫妻，建立家庭，以生兒育女、延續後代。

伊斯蘭教認為，婚姻不單是男女兩性為了滿足情欲而進行的一種結合，而且是一個人對自己、家庭、社會、人類生存延續負有責任的重要行為，也是一個穆斯林遵從主命履行先知穆罕默德教誨的具體表現。因而伊斯蘭教積極提倡男女健康合法的婚姻，禁止非法的同居和私通等性關係。伊斯蘭教規訂婚姻關係是建立在男女雙方自願的基礎上的，並且在保障女

---

[1]馬天英著，「回教淺說」，於民國二十八年回教救國協會刊本，載於中國宗教歷史文獻集成之《清真大典》（98）周變藩主編，合肥：黃山書社，2005，10月，頁伊23-100。

方的社會、經濟、家庭地位的前提下建立的。婚姻確立須征得男女雙方的同意，強調尊重女方的意願，承認婦女有選擇丈夫的權利。《古蘭經》規定，「當她們與人依禮而互相同意的時候，你們不要阻止她們嫁給她們的丈夫。」《聖訓》認為監護人強迫成年的處女與人結婚屬非法舉動，凡是成年而理智健全的女子，無論是否處女，任何人未經本人同意，不能干涉其自由。

按照教法規定，在締結婚約時，男方還要向女方饋贈一定數量的錢財作為「聘禮」。《古蘭經》規定：「你們應當把婦女的聘禮，當作一份贈品，交給她們。如果她們心甘情願地把一部分聘禮讓給你們，那麼，你們可以樂意地加以接受和享用。」這種規定，一方面是防止男子隨便離婚，從經濟上有所牽制；另一方面在男子要求離婚的情況下，女子在生活上可以有所保障。

伊斯蘭教認為男女兩性之間的關係是一種相互依賴的關係。《古蘭經》說：「她們是你們的衣服，你們是她們的衣服。」意思是說，正如衣服給人溫暖、保護和端莊，夫妻之間應該互相給對方以親近、安慰和保護。伊斯蘭教反對歧視妻子的種種行徑，強調在夫妻生活中，男子要善待妻子。《古蘭經》中多次告誡男子不得強制、壓迫婦女。《聖訓》指出：「女人同彎曲的肋骨一樣，你若想矯正它則會弄斷它，你若享用其天生的彎曲則會得益於它。」以此鼓勵男子對妻子溫存、謙讓。

伊斯蘭教不主張輕率離婚，只要有挽回的可能，夫妻間應該觀察等待，旁人也有責任從中調解勸說。無可挽回，或萬不得已，才可按規定辦理離婚手續。而且，男女雙方都有權主動提出離婚，提出理由和證據。例如男方提出離婚，必須是他的妻子「有顯著的醜事發生」。而且按規定，必須查有實證，不能只憑流言蜚語。女方遭受虐待而不堪忍受，或丈夫悖逆安拉、背離伊斯蘭教、作奸犯科，亦可提出離婚。

在家庭的財產繼承中伊斯蘭教規定女子與男子一樣享有財產繼承權。《古蘭經》指出：「男子得享受父母和至親所遺財產的一部分，女子也得享受父母和至親所遺財產的一部分，無論他們所遺財產多寡，各人應得法定的部分。」同時還規定了婦女所得遺產的份額，「一個男子，得兩個女子的分子，如果亡人只有兩個以上的女子，那麼，她們共得遺產的三分之二。」

伊斯蘭教主張文化教育不分時間、空間、性別、年齡。《聖訓》指出，追求知識是每個穆斯林應盡的本分，強調穆斯林男子和女子自搖籃至墳墓都應致力追求知識。

伊斯蘭教宣導婦女成為家庭氛圍的主要建設者，而家庭經濟主要由男子承擔。家庭建設如同社會建設一樣，是一種艱辛的工作，也是一門需要知識與智慧的藝術。家庭氛圍的建設有很多方面構成，如文化、經濟、情感、居室、飲食、穿著等等。這些構成了家庭氣氛，與下一代的成長息息相關。而孩子的培養在家庭中尤為重要。在有充分母愛與和諧氣氛的家中成長起來的孩子，成年後有健全的心理與更強的社會適應能力。當然，母愛不能代替孩子的教育，要使孩子成為有用人才，他還需要良好的教育。要讓孩子具備高尚的思想及健全的人格，同時，要培養他們逐步具備伊斯蘭的價值觀和良好的道德品質。女人是家庭和社會的保障，是家庭的基礎。如果家庭和睦了，家庭的結構強化了，家庭成員間的關係牢固了，生活也就純潔了，社會必然就穩定了。婦女對人類和整個社會的義務是巨大的，男人們理所當然為家庭的基本需要而工作營生。人類同源，男女同類。人既是出生於父母，所以父親與母親，男人與女人是完全平等的，她們的權利、地位應該也是平等的。

伊斯蘭教認為：家庭是社會的基本細胞，家庭的組成是人類的使然，是組織的基礎，是穩固的制度，它是個人和社會都不可缺少的，毀壞家庭

就意味著毀壞社會生活和自然規律。男人與女人之間存在著一種和諧的、互為完美的關係，二者心理上互相依託、安慰。女人們渴求溫馨的家庭，嚮往安寧、舒適的生活。組建一個團結向上和諧美滿的家庭，鞏固加強家庭成員的關係是人人嚮往的。因為家庭是幸福的源泉、歡樂的發祥地、社會發展的基礎。

穆斯林婦女的家庭地位是非常合理而又優越的，這是任何社會制度中都少有的。正如先知穆罕默德（願安拉福安之）所評價：「女人是家庭中之明燈，是中饋領袖，是子女的搖籃，是幸福的樂園，是美德的工匠。」這一簡潔而又形象的比喻，不僅暗示了婦女的家庭義務及道德標準，同時也說明了婦女在社會家庭中起著至關重要的作用，有著相當高尚的地位。伊斯蘭教義對家庭中母親的地位和價值非常重視，認為尊重母親是穆斯林的高尚情操之一。《古蘭經》說，「應當孝敬父母」，「應當依禮義而奉事他倆」。《古蘭經》中還表達了對父母的感謝與對真主的感謝是有密切關係的，不敬父母就是不敬真主。《聖訓》中也強調母親足下是樂園。在穆斯林家庭中，母親享有神聖的地位。

三地穆斯林女性

　　從我們調研的情況可以看到，三地儘管文化、地域，乃至政治體制有較大的差距，但是，穆斯林女性對自己的要求都是按照伊斯蘭教的教義以及《古蘭經》及聖訓來行事的。從家庭分工模式看，伊斯蘭社會基本上是「男主外，女主內」社會，一般是希望女性可以留在家裡相夫教子、操持家務，而男性外出工作、承擔養家之責。

　　伊斯蘭所賦予女性的生命、榮譽和財產同男人一樣，同樣是神聖不可侵犯。伊斯蘭社會的家庭原則強調，決不是讓女性成為家庭的寄生蟲，也不是家庭的奴僕，她所獲得的衣食和一切生活用品不是為丈夫或家庭服務的報酬，而是家庭為一個整體各自功能的平等分工。只不過丈夫和妻子在共同協作中分擔著不同的職責而已。而在中國現今的穆斯林社會，男女同工同酬，同時參與社會工作，對家庭同樣承擔的責任與義務，更進一步加強了婦女在家庭中的地位。所以，在甘肅回族中，除了傳統農業社會之外的、生活於都市中的穆斯林女性，大多數還是會接受現代教育、積極參加工作。或者有些就是夫妻雙雙從事家庭性的商業活動，如：開小餐館、小賣部、雜貨店等等。在調查中我們也發現，處於甘肅鄉村社會中的穆斯林婦女現在也有一些從家中走出，隨同丈夫從事家庭性的商業經濟。

　　即使是有些生活於城市中的、家庭條件比較好的穆斯林，其女性也是參加工作，較少因為家庭條件好而不出去工作的。這個可能也與中國大陸整體大環境有關係，很多女性也是願意參與到社會生活中的。穆斯林女性也是整個中國女性的一部分，大多數的女性還是願意走出家門、走向社會的。

西北穆斯林女性到了祖母期，即當了奶奶之後，無論在家庭內部，還是公共場合，都有比較自由的活動空間。比如，祖母期的穆斯林女性是能夠和來訪的客人同席吃飯、談話，而年輕婦女則要注意規避。又如在穆斯林女性的葬禮上，祖母期的保安族女性可以為亡者行「抓水」洗屍儀式，在公共場合可以與認識的穆斯林行他們特有的見面禮。一般這些活動在祖母期之前都是被限制的。這充分表明了，祖母期的穆斯林女性享有比較自由的宗教活動空間和比較廣泛社會交往面與權利，其社會地位、宗教活動範圍及宗教影響力相應地有很大提高。

臺灣的穆斯林，我們能接觸與觀察到的較為活躍的群體是泰緬歸僑穆斯林。以居住在中和的為例來看，大多數女性也在積極參加工作、從事家庭商業經濟。正如，從泰緬來的清真寺的教長所言的，他們來到臺灣時是兩手空空，所有的事情都要靠自己的雙手打拼，所以女性也是參與其中的。

圖 4-2　在餐館中忙碌的女老闆

圖中這位在中和開餐廳的女老闆（雲南籍泰緬歸僑穆斯林），也是典型的家庭商業，兒子在餐廳給她幫忙。在她看來，穆斯林的女性之所以出來從事商業活動也是生活所迫，如果是家庭經濟條件可以，她們也不願意

出來做工。在對整個緬甸街經營小餐館的穆斯林進行的訪問中發現，家庭中的女性都參與其中，而且發揮著重要作用。當談論這一問題時，大家的一個共同話語就是生活所迫，否則，女性是不願意出來工作的。

在馬來西亞的調研我們注意到這樣兩種情況：一種就是改教的穆斯林，這部分華人穆斯林大多數年紀較輕，而且基本上都在從事務工或其他行業。她們中的大多數認為如果將來條件允許了，就不會再工作，而是要專心帶孩子、做家務。前面提到的一個訪問個案 AH 小姐曾甘告訴我們，她現在兩個孩子，等到家裡條件好了，她就不出去工作，要再多生幾個孩子。還有一種情況就是那部分馬來西亞華人穆斯林新移民群體。這些華人穆斯林中的大多數都是因為留學等原因而留在馬來西亞的，他們中的大多數男性都是高校教師、計算機行業等行業的工作人員。這些人在馬來社會中處於中等及偏上的生活水準，其女性多是隨同丈夫而來的。這些女性幾乎 100%都選擇了留在家裡而不外出做工，即使她們中的有些人在國內已經受過高等教育。她們認為，按照伊斯蘭教對女性性別角色的規定，她們待在家裡相夫教子是天經地義的，她們很樂意不出去工作。她們普遍認為伊斯蘭教對女性是非常好的，不讓女性太累、太冒風險。她們還強調家庭是需要女人來料理的，尤其是對小孩子的教育上，母親比什麼人都重要。

「儘管在今天的政治舞臺上，女性掌政已非絕無僅有。然而回教國裡的婦女卻絕不可能盤踞國家手掌或政府要職。回教黨副主席納凱伊曾經向陳志勤醫生證實這點。[1]

納凱伊在《星報》言論版內發表一篇名為『聖戰・回教國・婦解（駁拿督蘇比書）』的文章，進一步為回教國的婦女政治地位辯護。他說：『在回教國裡，婦女的地位與角色是明確的，因為她們是耐心培育、誘導

---

[1]2011 年元旦日的英文星報，曾刊載回教黨副主席之一的納凱伊接受陳志勤醫生的訪談內容。

下一代的一群。這項工作使她們不應再負擔超出她們生理與心理荷量的重任』。他所謂的『重任』，正是指政府要職而言。」[1]

從三地穆斯林女性社會性別的分工及分工意識我們可以感受到經濟條件對她們是否參與社會工作是有一定影響的。男女兩性分類，是一個多學科的分類系統。它既具有生物學意義，也具有心理學、社會學、文化人類學意義，同時還是一個可以進行多層面分析的現象。既可以從個體層面，也可以從人際層面、群體層面、社會類別層面、社會制度層面、文化類型層面等予以解釋。可見，情景中的社會性別與勞動性別分工之間有著密切的關聯。

我們可以看到，中國西北穆斯林女性（生活於都市中的）的情況是大多數還是願意選擇出去工作，即使家庭經濟條件好也要出去工作。這與西北儘管有著濃鬱的穆斯林文化，但同時也有中國文化及他民族文化的影響。而臺灣穆斯林現在我們能關注到的就是來自泰緬的華僑，他們兩手空空移民而來，生活是需要經過幾代人的艱苦奮鬥，所以，這些女性也不得不出去工作。我想，即使將來生活條件改善了，在臺灣這與的多元文化氛圍中生活的穆斯林女性，她們也會積極出去做工、參與社會事務的。馬來西亞的情況就比較不同了。因為馬國是伊斯蘭國家，其社會中的一切都會按照伊斯蘭教和《古蘭經》的要求去行事，所以，婦女選擇留在家裡的是比較多的。或許像她們說的，一旦條件允許或者生了小孩就不會再出去工作了。而那些受過良好教育的穆斯林女性也願意選擇留在家裡相夫教子，這些與馬來西亞伊斯蘭氛圍有關。同時，我想是不是與這些新移民的穆斯林女性又要重新學習馬國語言與文化有關。既然家裡經濟條件好就不需要兩個人都那麼辛苦，反正孩子總是需要人來照料的。

---

[1]總編輯：戴小華，主編：張景雲，《當代馬華文存》（政治卷・80 年代），馬來西亞華人文化協會出版，拿督林金華局紳助印，2001 年 9 月，頁 218。

其實，依性別分配勞動是人類早期的勞動分工形式之一，是人類有效地組織社會生活的重要方法。傳統社會，由於社會生產力不夠發達，以性別為依據的勞動分工成為社會最基本的分工。勞動性別分工的最基本形態表現為：女性負責與人類的生產與再生產相關勞動，如：生育、撫育和照顧老人的勞動；男性負責與生存有關的勞動，如：打獵、養殖、農耕等。人類學家喬治・默多克對 200 多個社會群體的跨文化研究表明：所有文化中都存在勞動性別分工，女性多專注於家務和家庭責任，而男性在外工作。這既是現實，也是最便利的。人類學研究表明，家庭中的活動涉及家庭資源的配置和使用。家庭活動通常不是盲目的，它往往受到來自宗教和傳統文化等的影響，是按照一定原則和分工方式進行的，社會性別分工便是其中最重要的分工方式。家庭中的性別角色分工是決定家庭關係和女性地位的基礎。性別角色分工雖然與生理因素有直接關係，但卻不是由生理因素決定的，它是社會文化塑造的結果。

齋戒的女性

穆斯林女性的宗教活動

對於信仰伊斯蘭教的回族穆斯林而言，宗教已與他們的日常生活融為一體。宗教是一種生活態度、是一種生活方式。研究穆斯林女性的宗教活動也是深入她們實際生活的主要方面。

三地穆斯林女性宗教活動

　　伊斯蘭教是提倡男女平等的，穆斯林婦女的宗教義務和男人是一樣的，是與男子相提並論的。真主說：「服從的男女、通道的男女、順從的男女、誠實的男女、堅忍的男女、恭敬的男女、好施的男女、齋戒的男女、保守貞操的男女、常念真主的男女，真主已為他們預備了赦宥和重大的報酬。」（《古蘭經》33：35）的確，男女雙方是相輔相依、相互合作的；男女雙方有各自的應盡義務，也有各自應享的權力。事實也證明伊斯蘭才是真正提倡男女平等的。無論是在宗教生活還是社會生活的各方面，男女都要承擔各自的信仰、言論及行為等義務，都享有人性、經濟、尊嚴及求學和繼承的權力。

甘肅穆斯林女性宗教活動

　　在西北鄉村社會中，很多回族男性或外出務工，或外出經商謀事，而她們卻是一個家庭、一個地區最穩定的守望者；她們雖不經常參加宗教活動，但卻是宗教的最虔誠者。而且婦女對宗教的信仰程度，對家庭、對社會有巨大的影響。未婚女性，除了上學的學生之外，符合當地傳統婚齡的女性一般都呆在家裡，一般家裡不允許其出外。這些未婚女性在家裡，一方面是待婚出嫁，另一方面跟隨母親參加生產勞動或者學習做家務，如做飯、學習手工針線之類的。對於限制女性外出原因的解釋，有的穆斯林人歸因於宗教的要求，認為穆斯林婦女管理好家庭、不與外界陌生男性接觸是宗教的要求。

　　除回族外，我們對地處西北甘肅臨夏回族自治州的保安族做過調查，

保安族地區男性大都在農忙過後外出打工。其實，在甘肅的穆斯林社會中，這種情況是帶有普遍性的。我們在被稱為「保安三莊」之一的梅坡村岔口調查時，正值晌禮，來寺裡禮拜的人只有兩個老年人和寺裡的阿訇。而女性，由於家中的男性多外出打工謀生，留下較為繁重的田間勞作和家務勞動，使得她們少有時間來嚴格完成每天的禮拜。並且，隨著整個社區宗教氛圍的弱化和家中男性參與宗教活動的鬆散，女性對禮拜的宗教功課也大多並不積極。在我們的調查問卷中顯示，只有約五分之一的女性每天都做禮拜，而她們中大部分人都較難嚴格完成每天的五次禮拜，還有很大一部分女性表示自己平時也不做禮拜，其他一些則在空閒時間和比較重要的齋月時才會做禮拜。（詳見表格 5—1）

表 5-1　平常是否做禮拜的調查

禮拜情況	每天都有做	有時做	齋月時做	不做
人數	37 人	54 人	12 人	47 人
所占比例	24.7%	36%	8%	31%

在我們對保安族女性做禮拜狀況的抽樣調查中，150 人中占 24.7% 的人表示每天都做禮拜，其中 34 人年齡都在 50 歲以上，她們通常處於以下幾種生活狀況：

（1）生活狀況不如意，心裡「麻煩事」（煩心事），做禮拜能舒緩心理壓抑。

我們調查中，一位 60 歲的老媽媽告訴我們，她家裡的生活比較困難，老伴很早就過世了。四個兒子，大兒子殘疾，家裡窮。結婚後掙不來錢，夫妻倆天天吵架，後來就離婚了。兒子出去打工，一直沒有回來過。二兒子、三兒子沒房子住，被招去了，即入贅。二兒子和那邊關係不好，經常

發生矛盾。自己 18 歲的時候嫁到婆家來，當時丈夫 25 歲，結婚前兩人沒見過面，是父母給包辦的。公公是殘疾人，丈夫還患有聾啞疾病。

她說因為心裡「麻煩事」（煩心事）太多，每天的五次禮拜都有做。每天早上五點就起來做禮拜，晚上睡覺前還要用念珠念兩、三個小時的經。她告訴我們說做禮拜會讓心裡感覺好受點。

（2）年紀大了，無事可做，做禮拜意在填補老年生活的寂寞和空白。

我們調查中，一位 56 歲的阿婆，她的老伴已經無常了，和兒子和兒媳一起生活。年齡大了，家裡的家務等一般都是兒媳做，平時也沒有什麼事。當我們問起她做禮拜的事時，她笑著告訴我們：「我不做行嗎？沒事可幹呀（無事可做之意）。」

（3）年齡大了，希望通過禮拜能彌補以前的過錯等。

大墩小學的一位馬老師向我們介紹，當地一般老年人做禮拜較多。他們大多想著到這世上來了一回，以前做過一些錯事，而且年輕的時候可能還因為為生活奔波欠下了很多該做的宗教功課，自己年齡大了很快將去見真主，評論一生的功過，希望能在人生的最後時刻通過做禮拜能做一些彌補和挽回。

不過即使如此，在我們調查詢問中發現，表示每天都做禮拜的也只有較少一部分人能做到每天五拜，他們中大部分人因為年老身體原因或者其他的事情只能完成每天的兩三拜。

被調查的 150 人中有占 36% 的人表明自己有時做禮拜，他們的狀況大致有如下幾種：

（1）大部分中年婦女，忙於農活、家務以及照料家人生活起居等，有時沒有時間做禮拜。

（2）即使在忙碌之後有一些空閒，也因為感覺乏累，該做的一些禮

拜就被忽略過去了。

（3）當地宗教氣氛相對寬鬆，做不做禮拜都是自己的事情，已經不像傳統穆斯林社區那樣嚴格，信教群眾也在思想上相對放鬆，不特別要求自己非做不可。

有31.3%的被調查者表示自己不做禮拜，她們的狀況為：

（1）為生活奔波，認為過好生活，教育好子女才是最為重要的，做不做禮拜還在其次。

（2）穆斯林女性只有在很小的時候，大約9歲之前才能進入清真寺向阿訇等學習禮拜等宗教知識。一部分保安族婦女說自己小的時候學過，不過那時候小也沒怎麼學會，即使學會了很快也就忘記了，年齡大了之後也沒有特別再去學習，因此就一直沒有去做。

（3）稱自己還年輕，還不著急做禮拜，年齡大一點了再說。在我們所調查的回族社區中，一般都是老年婦女做禮拜的多，尤其是家中娶了兒媳，有兒媳分擔主要家務的女性做禮拜的多一些。

（4）不同的宗教派別、門宦對宗教功課的要求也不盡相同，據瞭解，老教對禮拜、齋戒的要求相對比較寬鬆，不太嚴格。新教教徒對宗教功課要求較為嚴格。

還有 8%的被調查者表示，自己平常都不做禮拜，只在齋月時才做。她們通常把封齋這一個月看做極為神聖的一段時期，在這段時間裡比平時更為特別的注意自己的言行，履行宗教義務，試圖在這個神聖的時段彌補平時在宗教生活上的不足。而且，還有一部分人認為在齋月做好事或者嚴格自己的宗教行為會比平常獲得來自真主更多的賜福。

一些做禮拜次數較多、頻率較高的信徒表示，她們有些時候不能嚴格做到每日禮拜，這使她們通常會有罪疚感。

在關於儀式的研究中，心理學大師佛洛德就信徒在宗教儀式中的狀況

進行過研究。如：信徒如果不能堅持去做禮拜就會有負罪感，關於這種感受佛洛德的理論認識是，宗教儀式是一種強迫性神經官能症，有一種類似的強迫性衝動要去實踐某些行為，如果沒有做成就會有種負罪感，而這些儀式是對被壓抑的本能欲望的被扭曲的象徵性描述。這一理論的主要基礎是這樣一種觀察，即宗教儀式常常確實具有一種強迫性衝動的特徵，那就是要極為精確地執行儀式行為。

實際上，西北鄉村回族女性空間活動範圍局限於村落社會內部。首先，可以說明的一點是，回族女性交往活動空間基本上是局限在通婚圈與市場圈之內。關於這一點，美國學者施堅雅教授（william Skinner）在研究中國農村市場與社會結構中提出的通婚圈與市場圈之內，它們兩者不一定重合，在功能上滿足了女性生活的不同需要。其次，考慮到宗教方面的因素，即宗教活動社會交往意義，這點也主要體現在一些重大的宗教活動中。如此來看，回族女性活動空間也可能越出施堅雅的通婚圈與市場圈，最能說明的是以宗教派別活動為核心的信仰圈。當然，因為偶然性與社會關係的複雜性，這三個圈之間在空間邊界上當存在交叉與重合。但是即使從這三個圈空間的並集意義上女性活動最大範圍來看，鄉村社會的回族女性依然是「離土不離鄉」，被稱為鄉村回族文化「守望者」。

下面是一位回族鄉村婦女對我們說的一段話：

> 我丈夫常年在外邊做工，冬季才回來，所以自己教育三個孩子（一兒兩女）。但遺憾的是我自己的文化水準不高，不能夠指導孩子學習，只是不停地督促他們學習。對自己的女兒，主要是教她們做飯、織毛衣、做手工活。大女兒現在 14 歲，但已經停學在家，幫自己幹活。
>
> 不讓大女兒念書的原因是女兒個子大，怕人家說閒話

才不讓去。自己也不想讓女兒出去打工賺錢，主要是怕女兒學壞了。因為在外邊沒人管，跟上人家走了（意思是跟上男朋友出走），尤其怕跟上不是「我們回回的人」。我覺得如果孩子長大不犯錯（指宗教上事）自己做母親的心就踏實了，自己總是是擔心孩子會學壞，引來別人的閒話。

可見，在生和育兩個層面上，回族女性母親的角色成功與否是受到宗教的影響。母親期的保安族女性在宗教、家庭、社會方面承擔著重大責任，而且自身也在宗教實踐的力度和規範的強度上盡力恪守並表現出了對宗教強烈願望和依賴。

對於城市中的回族女性而言，去清真寺做禮拜或許是她們宗教行為的主要表現。其實，我們蘭州市的研究發現，這些回族女性與城市裡的大多數女性一樣處於為生活而忙碌和奔波的境地。她們中的大多數在日常生活中是無暇顧及做禮拜等的，但是積極參與重大宗教節日，如堅守齋月、開齋節、宰牲節、聖紀等宗教節日是認真、虔誠的要過。

西北鄉村社會和城市社會的回族女性在年節儀式中表現出現了宗教的強化儀式。強化儀式和轉換儀式的邊界不清，如年節儀式，將其歸類為強化儀式往往強調的是年節儀式與其他季節交替相似，且伴隨祭祀及祭祀儀式中的其他強化儀式，將其歸類為轉換儀式主要是注重年節儀式中所包含的狂歡、混沌、新生等因素。回族主要的節日儀式包括：

（1）爾德節，又稱開齋節，肉孜節。男女老少皆穿節日盛裝，歡度佳節。家家戶戶的女人們忙著炸「油香」、「饊子」、「餜餜」等，男子們沐浴之後赴清真寺集體舉行禮拜儀式。男女老少互道「色倆目」，家家互送「油香」，到祖先墳前誦經點香，緬懷先人。

（2）古爾邦節，又叫小爾德節、宰牲節。回族群眾按其自己的經濟能力，宰羊或宰牛，經濟條件差的也宰雞等。回族人認為在古爾邦節宰牛、羊，有最大的「塞白蔔」（益處）。起源於關於先知易蔔拉欣以羊代替宰子對安拉表示虔誠的宗教傳說。

（3）聖紀，是紀念先知穆罕默德誕生和逝世的日子，在這個節日裡宰牛、宰羊，誦讀《古蘭經》讚頌穆罕默德，進行集體紀念活動。

在這些宗教節日中，人們最大可能地釋放著自己的宗教熱情，演繹著自己對未來的美好展望。因此，一個宗教節日無疑就是民族傳統文化的一次彩排，使得本民族的文化得以保存和發展。其次，在這樣的宗教活動中，人們似乎棲息在半詩意的世界，活躍在半歷史的隧道中，人們可以盡情享受宗教信仰所帶來的美好心情和希望，從而極大地滿足和強化了宗教情感。另外，宗教節日活動主要是家庭或群體活動，因而它使得人與人之間來往密切和頻繁，使彼此的感情和思想得以交流，從而增加了成員間的親和力和集體的凝聚力，同時也調節和平衡了人們的生理和心理狀態，獲得新的精神力量。

臺灣穆斯林女性宗教活動

臺灣社會中伊斯蘭文化是較為弱勢的文化，但是在臺灣這樣一個多元宗教信仰的社會中，伊斯蘭文化是有其特色的。

我們的研究採用質性訪談材料等方法暸解到，臺灣的穆斯林早期隨國民黨來臺的家眷現在有的過世、有的年事已高。她們也很少來清真寺做禮拜，在家裡也做的也不多。

有一些泰緬歸僑穆斯林女性，她們中的有一些經常去清真寺做禮拜，不過，數量也是很少的。我去臺北文化清真寺訪問時，正值昏禮的時間，當我上到清真寺二樓的女性禮拜殿時，看到約 10 位穆斯林女性準備做禮

拜。她們都是來自印尼和菲律賓等的外籍女性。

圖 5-3　臺北文化清真寺做禮拜的以外籍人士居多

　　當我從二樓的女禮拜殿下樓到院中遇到了兩位臺灣穆斯林女性，均為緬甸歸僑。她們說自己只要有時間都會來做禮拜。這些經常來禮拜的泰緬歸僑穆斯林女性年紀相對都比較大。

馬來西亞華人穆斯林女性宗教活動

　　馬來西亞的華人穆斯林（主要指皈依伊斯蘭教的）在改教後，就要放棄原來的宗教信仰、取經名、不得崇拜偶像、用土葬方式處理死後的屍體等。一般而言，大部分的華人穆斯林嚴守不崇拜偶像的戒律。在檳城、吉隆坡的華人在皈依伊斯蘭教或，就不再崇拜神像。「可是，吉膽島卻是相當奇特的一個地方，在皈依的華人人家中的神桌上，除了可以看到他們供奉以上所述的神祇外（媽祖、大伯公、關帝爺、九皇爺、天宮、土地

爺），還可以看到達摩祖師、太上老君、玄天上帝、菜王、濟公、茅山、泰國佛、大聖爺（孫悟空）、李夫童子爺（治病的神祗，即中國和山神）等神祗，在屋外供奉天宮等等。島上人口不多，包括馬來人目前總計有9165人，華人占99%，然而島上大小廟宇就有三十多間。」[①]

檳城和吉隆玻則不同，這些地方的華人穆斯林家裡遵循不崇拜偶像的戒律，他們大多以《古蘭經》經文字畫和麥加清真寺（禁寺）照片等作為房間的裝飾。在宗教行為上，一些改教穆斯林女性說，她們會儘量想辦法去履行一日五拜的功修。即使在上班她們有些也會要求雇主或老闆要給她們做禮拜的時間。據我們的瞭解，在馬來西亞做禮拜的時間是受到保護的，員工要去做禮拜，老闆必須要給假的。否則這個老闆就違法。

當然，也有一些皈依者不一定能按時做禮拜。在檳城我們訪問一位李先生，他告訴我們：

> 大家都在上班，忙於掙錢、忙於生活，一天五拜是做不到的。我太太是馬來人，但是我太太也沒有每天做禮拜。太太開了一個美髮店，每天也是工作到很晚的。但是我星期五的主麻是一定要去的。我太太也不去清真寺，有時候偶爾在家裡做禮拜，但也做的很少。主要是因為工作太忙。

可見，人們要為了自己的生活而忙碌這是一個現實問題，可能在某種程度上比禮拜重要。

伊斯蘭教規定除了一日五拜之外，每週五下午還要去清真寺做主麻。

[①] 鄭月裡著，「馬來西亞華人穆斯林的馬來化」，載於夏誠華主編《新世紀移民的變遷》，玄奘大學海外華人研究中心，民95，頁251。

馬來西亞過去不鼓勵華人穆斯林女性到清真寺禮拜，現在女性也被允許去清真寺做禮拜，但很少女性回去。「主麻日這天下午，有些女性選擇留守辦公室，有些則選擇在家照顧孩子。任職於阿拉伯經營運輸公司的 MH 小姐，星期五下午這個公司的男性員工都上清真寺做主麻日，只有她和一位馬來小姐留守公司。當我去拜訪她的時候，公司的男性職員都去做主麻，她留下來處理業務。她告訴筆者：『…………，利用這個時間加班』。據說，有些公司為了方便員工去做主麻，雇主往往會讓員工休息兩個小時，俾使他們到清真寺做主麻。」[1]

我們在馬來西亞的田調中有一個感受就是，居住在華人社區的華人改教者，他們的宗教表現相對弱化。而居住在馬來社區的華人改教的宗教表現就比較強烈，外顯性行為明顯。前面提到的我訪問過的 AH 小姐，她和她的馬來丈夫居住在馬來社區。她說：

> 我們每天早晨的晨禮[2]都去做，凌晨四、五點鐘就要起來，而且還要把兩個孩子也帶上（他們夫婦有兩個女兒），讓她們從小就受到宗教的教育。

在我訪問過的華人穆斯林中，AH 小姐是很典型的一個，她說中午吃飯時她都會設法做晌禮。記得有一次跟她約見面，當我想約她晚上六點多

---

[1] 鄭月裡著，「馬來西亞華人穆斯林的馬來化」，載於夏誠華主編《新世紀移民的變遷》，玄奘大學海外華人研究中心，民 95，頁 252。

[2] 穆斯林的一日五拜分別為：晨禮〔SALATU-L-FAJR〕：這次的禮拜在由東方初現　光〔拂曉〕至日出之前的一段時間當中的任何時候進行。晌禮〔SALATU-Z-ZUHR〕：這次的禮拜在日正剛過，亦即太陽剛開始向西偏傾起，到太陽偏至中途〔與地平線呈四十五度〕時為止的這段時間當中的任何時候進行。晡禮〔SALATU-I'-ASR〕：這次禮拜，是在「晌禮」的時間結束之後匯@A 直到日落之前為止的這段時間當中進行。昏禮〔SALATU-L-MAGHRIB〕：這次禮拜的適當時間，是從日落〔即太陽消失在地平幗蒐〕之後匯@A 直至西方天邊的紅霞全消為止。宵禮〔SALATU-I-ISHA〕：這次禮拜的時間，是自西方天邊的霞光完全消失開始，直到翌晨拂曉之前為止。禮拜的時間各地不一樣。

一起用晚餐並訪談時，她跟我說，她必須做完禮拜才能過來。所以，我們見面時已到八點多了。可見，作為一個華人改教者，她對自身的要求是極其嚴格的。

總體看來，馬來西亞華人穆斯林的宗教行為表現是不盡相同的。這些宗教表現都與個人對伊斯蘭教的理解、皈依的動機、婚姻對方的要求以及所居住的社區等有著密切的關係。

伊斯蘭宗教強化儀式

　　儘管三地穆斯林女性在宗教表現方面有不同，但是其宗教強化儀式是一致的。伊斯蘭教的強化儀式（rites of intensification）和轉換儀式（rites of transformation），都聚焦於超越世俗社會的神聖王國所建立的秩序。強化儀式的指向不是促進個人和群體對變化的適應，也不是幫助個人或群體轉危為安、戰勝某種威脅；而是保證業已存在或也已確立的秩序、價值、關聯等不會因時間而流逝，或在生老病死的承繼中變得衰弱，而是有所強化、能夠繼續保持下去，繼續沿著有利於個人或群體的生存和發展的方向演進。如加強社會秩序的禁忌和典禮。

　　伊斯蘭教中的「五功」是伊斯蘭教信仰的「柱石」，穆斯林認為自己要在身、心、性、命、財五個方面都要「盡其禮以達乎天」，才是虔誠的修行。伊斯蘭宗教信仰中的「五功」是較為典型的宗教強化儀式。

　　天命五功，是伊斯蘭教規定的五項必須履行的宗教功課，即念、禮、齋、課、朝，是穆斯林婦女的日常宗教功課，也是穆斯林女性最為重要的宗教生活內容。

念功

　　念，念作證詞，作證造物主安拉獨一無偶，作證穆罕默德是安拉所派遣。這是穆斯林對自身的宗教信仰的公開表白。「念」有讚念，出自內心認可，並非口是心非之意。念誦的內容，意譯為漢語大意是：萬物非主，唯有真主，穆罕默德是真主的使者。念作證詞是穆斯林必須首先遵循的信仰準則，在穆斯林的日常生活與宗教禮儀中，如阿訇宣講時，為初生嬰孩

取經名時，穆斯林婚禮證婚時，葬禮中，遇到困難時，常常可以聽到誦讀作證詞。

在穆斯林居民家中，無論是在中國的西北、臺灣，還是在馬來西亞的檳城、吉隆坡等地，我們幾乎在每戶都可以看到把「清真言」用藝術手法書寫、刺繡、雕刻成條幅或匾額懸掛於堂屋。在「五功」中，「念」與其他「禮齋課朝」四功相比，主要是意識形態方面的綱領性宣言，藉以強化「認主獨一」的認識與信念。而其他四功則是付諸於行動的功修與實踐，是在「念」基礎上具體履行的宗教義務。

禮拜

禮，堅持禮拜，指的是在特定的時間，經特定的程式，按特定的儀式，朝拜造物主安拉，回族按照波斯語稱「乃瑪孜」。《古蘭經》中多次強調「謹守拜功」的重要性。禮拜有一套統一的定制，平日每天禮拜五次，男子一般到清真寺集體禮拜，女性一般在家中禮拜。每年兩個節日的會禮。禮拜有嚴格的程式，禮拜前必須沐浴、著潔淨衣服，禮拜的程式、動作、儀式，面對的方向等都以《古蘭經》為主要依據而制定。按伊斯蘭教法規定，凡理智健全、身體健康、已屆成年的穆斯林都必須履行拜功。小淨，洗下身兩遍，洗兩手至腕，漱口刷牙，嗆鼻，洗臉（額頭至下頜、左右耳）洗雙手至肘，濕手摩頭髮及脖項，洗兩腳至踝骨。大淨，洗七竅、四肢兩遍（小淨全過程）及全身（每一毛髮均受水浸而不遺漏），洗各部位均先右後左，先上後下。小淨時男女的規矩一樣，只是抹頭時女性不必解開髮辮，只要水到達髮根即可。女性在禮拜中，除去自然露出的面容和手以外，應該遮住全身，為顯示莊重要戴把頭髮、面龐遮起來的蓋頭。

禮拜是每個穆斯林女性最基本、也是最重要的宗教功課。傳統穆斯林

社會將是否能夠嚴格完成禮拜的功課作為穆斯林是否虔誠的重要標誌。但是，隨著社會發展和民族外部大環境的影響，許多穆斯林把生活的重心更多地放在改善家庭經濟生活、子女教育等現實生活上來，對於宗教活動已經沒有以前那麼嚴格，宗教的氣氛較為弱化。如我們在臨夏一個回族鄉村村落做調查時，村裡面的工作人員向我們介紹說「原來的宗教信仰比較教條，不做禮拜不行，現在信仰自由，做不做都是自己的事情。對於我們來說把大家的事情做好，為鄉民經濟發展著想多跑一點，多幹一些活，這也是一個好事。對村民來說，勤勞致富，過好生活，教育好孩子，這都是很好的」。

齋戒

齋，齋月封齋，旨在通過封齋而「止食色以謹嗜欲」。根據經訓規定，凡穆斯林成年男女在齋月都應封齋。每天從拂曉到日落，嚴禁食飲、吸煙，嚴避房事或嬉狎，甚至禁止放血、輸液，用藥劑滴入眼、耳、鼻、喉。齋戒期間，保持身心潔淨，近善遠惡，謹言慎行，經受連續一月的鍛煉。穆斯林都必須親自按時封齋，因故缺齋者事後應補齊。除患病與長途旅行者外，老弱體虛者、孕婦、產婦、哺乳婦女、月經期內之女性，事後須補齋。封齋一方面在於一年吃吃喝喝下來，在這段時間消耗一下體力；一方面主要還在於其精神意義：嘴不要說壞話，眼睛不要亂看，耳朵不能聽壞話，大腦思維考慮好的東西，手不幹壞事，腳不走歪路。在甘肅的鄉村社會中，穆斯林女性齋月的時候可以到清真寺裡去做禮拜，期間有的婦女在夜間去清真寺女堂由阿訇帶著做禮拜。這是一年中女性可以進入宗教活動中心僅有的一段時間。而在臺灣及馬來西亞的調研中發現，這裡的穆斯林女性都可以去清真寺為女性專設的女禮拜堂去做禮拜。

圖 5-4　臺灣龍岡清真寺的女禮拜殿[①]

天課

　　課，交納天課，是一種宗教課稅制度。教法規定，凡穆斯林所佔有的資財超過一定的限額，就應該從中按一定比率繳納天課。只有通過繳納天課後，所佔有的資財才算合法潔淨的。「謹守拜功，完納天課」，經文中多次把它和拜功相提並論。繳納天課會得到來自安拉的恩遇。在我國繳納天課，一般情況是每年向清真寺交納學糧、「費圖爾」錢和「所得格」。學糧供阿訇、滿拉的生活費用，多在夏秋兩季收穫後繳。「費圖爾」漢語意為開齋捐，即在開齋節日時，按家庭人口計算交納一定數額現金；「所得格」亦稱包貼、佈施。這是對窮人的施捨，平時任何時候都可以，數量不限，隨心意決定。女性天課的履行通常是與家人一起、以家庭為單位履行的。

---

①女禮拜殿的電視上是直播的來自禮拜大殿的阿訇帶著做禮拜的畫面。

朝覲

朝，麥加朝覲，按照伊斯蘭教法規定，凡理智健全的男女穆斯林，其經濟狀況足以擔負全家生活費用之外，尚具備往返交通食住等旅費，不欠債借貸，本人健康狀況能長途跋涉，能經受沿途車船飛機，或乘騎牲畜與步行之勞頓者，在旅程安全、無戰爭、動亂或疫病流行的條件下，平生必須親自履行一次朝覲禮儀。履行過正式朝覲儀式的人，被尊稱為「哈吉」（或「哈智」），即具有「朝覲者」的身分。

我們在甘肅鄉村穆斯林社會的的抽樣問卷調查中發現，所調查者中有84.7%的穆斯林表示特別想去麥加朝聖，不過他們中的大部分人都是屬於普通農民通常沒有能力支付出國這麼一大筆費用，履行朝覲宗教功課的婦女寥寥無幾。（詳見表格5-2）

表 5-1　是否想去麥加朝覲

朝覲意願	特別想去	沒想過	一般	無所謂
人數	127	19	1	3
所占比例	84.7%	12.6%	0.6%	2%

而在臺灣和馬來西亞的調研中注意到，這裡的穆斯林女性大多隨同丈夫朝覲過麥加，有些還去過多次。

強化儀式是強制性的、非個人的，其目的不是克服任何具體的生命危機，而是維護群體之總的價值，其途徑「或是通過神話的象徵的揭示，或是宣導運用宗教鼓勵或讚賞價值處理日常生活中的問題」。強化儀式有助於減少人們面對不確定性時所感到的焦慮。因為女性在家庭社會生活中所處的弱勢地位，因此她們在面對生活時有著更大的不確定性和焦慮，因此在心理功能上宗教對於女性來說比男性常常顯得更為重要。

強化儀式既作用於個人，減少焦慮、增強信心，也作用於群體，減少分歧、增強合作。在男女相處利益衝突時，以一種宗教的形式來將其調和，或者讓女性安於既定的秩序。

在伊斯蘭教的宗教儀式中，在這裡我們尤其指禮拜、齋戒和朝覲，我們應當特別注意到「用水洗」和「戴禮拜帽或蓋頭（頭巾）」這兩種儀式中的具體細節。特納認為，儀式的力量來源於它的雙重象徵：首先是身體部分和行為的象徵，其次是社會組織的象徵。如「用水洗」在宗教的象徵意義中表示潔淨和罪的淨化，而「戴禮拜帽或蓋頭（頭巾）」則是同一群體組織的代碼，意義上類似於古代社會的圖騰，它們象徵著一種行為準則和群體的整合。

宗教視域中的三地穆斯林女性

　　穆斯林婦女學習知識，可以幫助父親、兄弟姐妹、丈夫、子女、親朋好友、鄰居、同事等走上伊斯蘭的道路。由此明確告訴我們男女在接受教育、執行命令和禁戒的權力上是平等的，沒有性別之分。穆聖（願安拉福安之）說：「接受教育是男女穆斯林的天職。」這充分體現了伊斯蘭對教育問題的重視，以及男女在宗教義務中所持有的同等權力和義務。例如：學習、禮拜、封齋、納天課、朝覲、孝敬父母和《古蘭經》中所命令、禁止的同是主命。

　　穆斯林婦女是社會的一分子，在宣傳伊斯蘭教方面肩負著重任。穆斯林婦女作為女性、作為母親有責任和義務把教門知識教給我們的後代，也是伊斯蘭的後代。「教育好一個男人只是教育了一個人，而教育好一個女人則是教育了一個家庭。女子學習了，念了經就是家庭中的伊瑪目。」這是西北地方有識之士多年來辦學的經驗。宣傳伊斯蘭教，弘揚民族文化是穆斯林男女應盡的義務。宣傳教門這項神聖的工作並不是男人的專利，沒有女人的福份。那些認為宣教工作不適合女人的認識是不正確的，婦女有責任和義務履行宗教功修，學習教門知識。讓自己明白、幫助丈夫明白、教育孩子明白，這項義務太重大了，對於孩子的教育關係到我們穆斯林今後的發展。我們教育好了孩子，教門才能夠發展。

　　在宗教踐行方面，雖然在不同的家庭中宗教氛圍有所不同，但穆斯林都很重視宗教功修和宗教規範。無論是日常要做的禮拜、念經活動，還是比較重大的宗教活動，都會盡力完成。而且，在家庭教育方面，穆斯林家庭都非常重視宗教所宣導的在社會生活中必須身體力行的為人行事的道德

規範。實際上是伊斯蘭教倫理的層面,如父母從小就教育孩子「耳朵不能亂聽,嘴巴不能胡說,腿不能亂走、眼睛不能亂看,腦袋不能亂想,手不能亂偷」。教育孩子從小做一個符合宗教要求的合格的穆斯林,這樣才能被社會所容納。

社會心理學家認為,家庭的重要性既表現在它在社會結構中佔據重要的地位,也表現在家庭是個體在幼年時期成長的主要環境和生理心理依賴程度最強的場所。而穆斯林家庭中濃鬱的宗教文化氣氛,通過家庭對個體幼年的重要作用促進了宗教的傳播並強化了對新生命個體的影響。由於宗教因素已經嵌含在穆斯林家庭文化的物質與精神層面中,因此穆斯林家庭實際上構成了一個小小的宗教團體與日常性宗教學校、活動場所,這成為西北穆斯林家庭顯著的特徵之一。

可見,穆斯林婦女應盡的各項義務相當重要。她影響著社會的發展,人類的進步,伊斯蘭的昌盛。穆斯林社會中,女性承擔著對孩子的宗教教育的責任。這點我們在大陸、臺灣和馬來西亞的調研中都注意到了,女性在孩子的宗教教育中發揮重要作用。伊斯蘭教和婦女的關係在宗教本身的闡釋中就呈現出一種尷尬的局面,一方面宗教需要婦女的支援,尤其是在宗教傳播的初期,因此在宗教中有保護婦女的內容;另一方面,宗教又往往為性別差異辯護,將婦女定格為從屬的地位,並通過各種規定阻滯婦女的發展,把婦女排除在一些重要的權力之外。這種模棱兩可在男性憑藉經濟、生理優勢掌握了絕對的宗教權力以及伊斯蘭教傳播與當地文化習俗的相互影響中,增強了對婦女漠視的傾向。

伊斯蘭教將男女平列並舉,在宗教領域對男女平等看待。《古蘭經》強調:「凡行善的皈依者,無論男女,我必定使之生活美滿如意,我必定按他們的善功回賜善遇。」不論男女,只要認真奉行伊斯蘭教的教規、教義,都會因為其努力同樣得到來自真主同等的回報。

伊斯蘭教強調婦女和男子一樣有參與社會活動和經濟活動的權利。伊斯蘭教認為，婦女可以到清真寺參加集體禮拜。《聖訓》中說，「你們不要阻止真主的僕女們到寺禮拜。」主張婦女原則上可以參加宗教和社會工作，只有經期、有病等特殊原因才有禁止。

在伊斯蘭文化中，對於女性參與重要宗教活動和進入重要宗教活動場所有著更為嚴格的規定。例如：女性只有在其幼年才有機會進入清真寺做禮拜，學習伊斯蘭教知識。進入成年之後女性一般不被允許進入清真寺做禮拜，通常只有男子可以進入寺中禮拜，即使在清真寺中，男性和女性之間也必須隔離開來，女性需要站在禮拜隊伍的最後，甚至在禮拜中要求女子不發出聲音，以防止女性甜美的嗓音擾亂男性的理性。另外，女性不可以參加主麻拜；女性被禁止參加殯禮；一般情況下，女性不可以宰牲等等。

根據伊斯蘭教的規範，女性的生理上的美好是動搖男性理性的重要原因，是引發違背倫常等發生的重要原因。女性經血的污染是可怕污穢的，與女性身體的碰觸也是不潔淨的。女性生理上的這些不同一方面是「真主創造」的，另一方面她也被認為是缺陷，那麼理所當然地女性將被排除在重要的社會活動和集體宗教活動之外，女性也將被宗教和社會生活的重要權力所排斥在外。

宗教以一種不可質疑的形式限制了婦女的許多權利，而這些權利是至關重要的，同時這些宗教形勢又被解釋為婦女對於男性在等級上更低，女性要聽從男人的安排。伊斯蘭教通過更多地減少女性的集體宗教活動而增強男人對女人的控制。

甘肅及臺灣穆斯林女性的宗教活動在年齡是有個相同點，就是她們的宗教意識和儀式隨著年齡的增長而表現的越發突出與明顯，似乎顯現出年齡與宗教行為之間成正比的關係。見下圖：

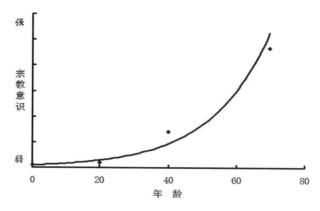

圖 5-5　穆斯林女性年齡與宗教意識之間的關係

　　上述圖示表明，甘肅、臺灣穆斯林女性的宗教意識與儀式是隨著年齡而上升的。到了祖母期到達高峰。一般來看，祖母期是個人宗教信仰最成熟的時期。在甘肅及臺灣我們注意到，女性到祖母期後所承擔的家務勞動及外出工作的幾率相對母親期會大大減少。一般情況下，祖母期的回族女性主要照看孫子，閒時則做禮拜，踐行自己的宗教信仰。總的來看，這一時期回族女性的宗教信仰更為虔誠，她們不僅能夠按時完成自己的宗教功課，有些婦女甚至修「副功」，即在宗教規定的任務之外多做禮拜和念經。同時，在這個時期，回族女性隨著年齡的增大和身體狀況的變化，對後世的考慮增多，而伊斯蘭教的「天國」理念為穆斯林女性的這種考慮提供了寄託和依賴。

圖 5-6　與男性一起做儀式者老年女性居多[1]

　　在祖母期，穆斯林女性在宗教信仰心理上的另一個特點，即對宗教知識的認知和瞭解上也有了一定的廣度和深度。比較豐富的宗教知識使得他們在女性之中具有一定的威信，同時。在家庭內部作為女性中掌握宗教知識最多的人，也承擔起向年輕人傳播宗教知識的責任。在祖母期，甘肅穆斯林婦女參加大型宗教活動的機會也相對比較多。

　　我們調查時注意到，甘肅、臺灣兩地一個明顯的感覺是穆斯林女性在祖母期從事宗教功修的時間要比母親期多的多，對宗教的理解更圓滿，對宗教的感情更強烈，對宗教的責任更執著。

---

　　[1]圖片為馬來西亞華人穆斯林的聚會。這個祈禱儀式是在一位穆斯林朋友家裡舉行的，年輕的女性和孩子們都在旁邊，只有老年女性跟隨男性做祈禱儀式。

伊斯蘭行為文化

穆斯林女性的服飾表達

《古蘭經》規定穆斯林婦女要遮蓋自己的羞體，嚴禁婦女穿單薄、透明的衣服。伊斯蘭教法規定：婦女從頭至腳是羞體，要遮蓋起來。戴上蓋頭，是聖潔的象徵；是嚮往並追求真理的象徵。

以服飾為代表的伊斯蘭行為文化

　　穆斯林婦女戴上蓋頭在意識深處證實著自己的信仰堅定，她們知恥自愛，端莊穩重，追求純潔美好的生活而不貪圖虛榮浮華。每一個有理智、有見識的穆斯林婦女都應該意識到，戴蓋頭和穿寬鬆的衣褲（裙），起到一種宣傳伊斯蘭，顯示穆斯林婦女端莊大方，秀外慧中的獨特風采的積極作用。

　　穆斯林婦女戴蓋頭的習俗是與伊斯蘭教和伊斯蘭文化聯繫在一起的，蘊含著豐富的文化內涵，而主要是其宗教內涵。《古蘭經》第 24 章第 31 節說：「你對信女們說，叫她們降低視線，遮蔽下身，莫露出首飾，除非自然露出的；叫她們用面紗遮住胸膛，莫露出首飾，除非對她們的丈夫，或她們的父親，或她們的丈夫的父親，或她們的兒子，或她們的丈夫的兒子，或她們的兄弟，或她們的兄弟的兒子，或她們的姐妹的兒子，或她們的女僕，或她們的奴婢，或無性欲的男僕，或不懂婦女之事的兒童，叫她們不要用力踏足，使人得知她們所隱藏的首飾。」這裡提到的「面紗」是從頭頂下罩，能罩住全臉，遮住頭髮、耳朵、脖頸，露出眼孔的方形紗巾。現在我們習慣上將「面紗」與棄用面罩的面紗統稱為蓋頭。《古蘭經》第 7 章第 31 節說：「阿丹的子孫啊！每逢禮拜，你們必須穿著服飾。」穆聖說：「出動的女人禮拜，必須戴蓋頭，才能得到真主的悅納。」因為《古蘭經》是伊斯蘭教最重要的經典，對伊斯蘭社會具有普遍的法律約束性。在伊斯蘭文化中，將婦女的頭髮、兩頰、耳朵等列為羞體，認為應該用蓋頭遮掩起來。在穆斯林社會中，蓋頭自然地以服飾的形式成了穆斯林文化的象徵符號。

甘肅穆斯林女性的蓋頭

　　甘肅回族穿著很有特色。男性喜歡穿黑色或者灰色的長衫，年長的習慣留山羊胡，戴白色小圓帽。回族人戴蓋頭具有強烈的宗教色彩，主要是受阿拉伯婦女和伊斯蘭教的影響。有「青絲不見青天」習俗的世界穆斯林婦女多以面紗、披巾蒙面遮髮。而回族婦女蓋頭講究精美，主要是由紗織品、綢子、緞子等高中檔面料製作。而且回族婦女戴蓋頭也有講究：首先在戴蓋頭前要先把頭髮挽成髻或紮成馬尾，再戴上帽子遮住頭髮並固定後，再把蓋頭從頭套下，前面要遮住額頭，遮住兩耳和頭髮，頷下有扣，只露出臉龐。

　　在西北穆斯林社會中，通常女性結婚後普遍戴蓋頭，年輕一些的女性一般戴較為鮮豔的方形紗巾，做了婆婆年齡稍大的女性一般戴墨綠色或黑色的蓋頭，再年老一些的老年婦女通常佩帶白色的蓋頭。所以，從蓋頭或頭巾上基本上就可以看清她們的身分。

　　「藉某種有形的事物表現或暗示某種觀念、哲理或情緒，就是象徵」。穆斯林婦女以戴蓋頭這種有形的事物來表達自己的宗教信仰。蓋頭作為穆斯林婦女最

圖 6-1　蘭州市老年穆斯林婦女

具特色的服飾，成了一道有著濃鬱民族性與宗教性的流動的文化風景線，也是一種深深的民族宗教感情表達，戴蓋頭也就以象徵符號隱喻負載著伊斯蘭文化符號。

　　如今，回族婦女蓋頭已經突破了傳統的單調顏色，特別是在城市工作的女性多以白色護士帽以及彩色頭巾替代了過去的蓋頭。回族婦女蓋頭如今是色彩斑斕，款式多樣。這樣又簡便。見下圖。

圖 6-2、圖 6-3　日常生活中戴白帽子的穆斯林女性

圖 6-4　日常生活中戴白帽子的穆斯林女性

甘肅穆斯林婦女的蓋頭或頭巾或白帽子，是一種明顯的宗教文化符號，她們用服飾來踐行著自己的宗教。

臺灣穆斯林女性的頭巾

　　由於臺灣穆斯林人數較少，而且很多女性平時也不戴頭巾。但是在去清真寺時一定會戴頭巾的。也有一部分穆斯林女性在平日裡也是戴蓋頭的。如下圖。

圖 6-5　臺灣帶頭巾的穆斯林女性

　　臺南清真寺掌教告訴我們，這裡的穆斯林女性平時也不戴頭巾。高雄清真寺的阿訇也告訴我們，女性一般也不包頭巾，只有來清真寺時會包頭巾。他們談到一個案例，說這個婦女的教門好，一直堅持在各種場合戴頭巾。

曹小姐是一位皈依伊斯蘭教的臺灣女孩，她的父母一開始是不同意也不理解的。她毅然決然的戴起頭巾向人們表達她的宗教選擇與信仰，真正踐行自己作為一個穆斯林女性的德行。這時，她的家人更是生氣，說她這樣帶著頭巾讓左右鄰居看著多不好。她說自己就一直堅持戴頭巾。現在家裡人也理解了她的宗教追求與信仰，也尊重了她的選擇。她說自己的頭巾回父母家時都是不取下來的，她認為只要信仰了就要從各方面都做好。[①]

龍岡清真寺馬監事說：「一個女性戴頭巾，對別人沒有什麼不便。各宗教之間應該相互有對話。」龍岡清真寺的管理人員告訴我們的，大多數穆斯林婦女平時是不包頭巾的。

臺中清真寺的閃教長認為女的包頭巾是保護女的，是個很好的事情，不是打壓婦女。從穆聖出現後是解放婦女。

前面已經談到，這裡的穆斯林大多數是泰緬歸僑。這些穆斯林女性中約有不到二成的會包頭，其他的都不包頭巾。

圖 6-6
戴頭巾的緬甸歸僑穆斯林女性

清真寺的管理人員說：「我們鼓勵她們包頭，這是在保護她們。可是我們這裡不是穆斯林國家，很多穆斯林女性也就比較新潮、時尚了。但是，

---

①臺灣報導人曹小姐口述（來自臺北），2011.3.14

清真寺的教長們都是以身作則，要求自己的家裡人儘量做好，比如像包頭巾之類的。」

馬來西亞華人穆斯林女性頭巾

　　從頭巾、做禮拜等顯性因素來看，我們對馬來西亞華人穆斯林女性的研究，主要集中在 20 世紀 80 年代以後的新移民和改教者群體。

　　這些華人穆斯林新移民群體從中國大陸來時就是穆斯林。我們調研中接觸到的有來自新疆的哈薩克族、維吾爾族、回族；有來自甘肅的回族；來自青海的回族和來自四川的回族。他們是中國的穆斯林，在這些地區深受伊斯蘭文化的影響。而且這些女性都受過良好的教育，有些受過高等教育。她們知書達理、溫文爾雅。

圖 6-7　馬來西亞華人穆斯林

　　從這些新移民的華人穆斯林女性的臉上，我們看到的是自信與豁達，內斂與溫婉。從一些的照片中，我們可以看到在亮麗、飄逸的頭巾下所洋

溢的那份美麗與自信。

從圖中我們可以看出，在馬來西亞生活
的華人穆斯林女性，她們的服飾彰顯出自己
的宗教信仰。作為伊斯蘭文化象徵的頭巾已
經成為了穆斯林女性們美麗的標誌。這些各
式各樣的頭巾包裹著女性的秀髮、表達著自
己的宗教信仰。所以，頭巾下的穆斯林女性
顯示出別樣的魅力。

圖 6-8
採訪華人穆斯林女性（右一）

另一個我們想關注的女性群體就是改教
者。這些女性基本上是早期華人移民的後
裔，她們的祖籍地大多是在中國的福建、廣
東等地。這些華人女孩，會說閩南話、客家
話、粵語、馬來語、英語等。

她們是在嫁給自己的馬來丈夫後皈依伊斯蘭教的。從這些女性身上，
我感受更多的是她們對自己所選擇的信仰——伊斯蘭教的執著。在跟幾個
改教的華人女性的訪談中得知，她們對自己的選擇是很理性的。她們生活
於華人與馬來的家庭與社會中，是一些非常特殊的女性。

圖 6-9　與馬來丈夫有兩個女兒的華人穆斯林女性

頭巾下的穆斯林
甘肅、臺灣與馬來西亞檳城穆斯林女性的田野調查及理論思考

這些女性在皈依伊斯蘭教的同時，也戴上了美麗的頭巾，向眾人堅定地顯示出她的選擇和她的信仰。

圖 6-10　認真學習伊斯蘭教知識的的華人穆斯林女性

改教者在馬來西亞是一些較為特殊的群體。我們在馬來西亞的調研中感受到，儘管較之以前華人和馬來人對改教穆斯林的華人已經可以比較寬容的接受和理解。但是，從每一個改教的穆斯林華人女性的經歷中可以看到她們為此做出的掙扎與犧牲。但是，即使再大的困難也沒有阻止她們選擇自己的信仰和愛情。

穆斯林女性宗教行為文化的對比

　　從三地穆斯林女性的頭巾上我們可以看出文化及地域所產生的影響。地處中國內陸的甘肅回族穆斯林女性，她們生活在穆斯林較為集中的地區，伊斯蘭文化的影響深入到她們的社會及生活中。對於全民信教的民族而言，宗教作為構成其民族共同心理素質的主要內容而與他們的日常生活密切地連在一起。宗教從它誕生之日起就對信教民族的生活發生著潛移默化的影響，並逐漸滲透到人們日常生活的方方面面。回族的宗教生活方式與性質與伊斯蘭教的教規、教義，宗教性質有著密切聯繫。這些地區的穆斯林女性基本都是戴蓋頭或包頭巾的。即使是生活的大城市、享受著現代化生活的穆斯林女性，她們一般都參加工作。即便如此，中年女性也會選擇便捷、舒適的護士帽來戴在頭上。而年輕的女孩子有些會帶著各色漂亮的紗巾。但是，在蘭州市的一些年輕穆斯林女孩戴紗巾的也不多。這種變化是與穆斯林女性同樣受到現代化與時尚的影響是分不開的。同時，也可能有帶著不大方便的因素在內。

　　而臺灣的穆斯林就更為隨意。她們中的大多數都不戴頭巾，只有極少數的會戴著。這與臺灣自由寬鬆的文化氛圍有關，當然更直接的關係是臺灣穆斯林人數比較少，伊斯蘭文化不濃鬱，有些女性戴著頭巾會感到有壓力。

　　作為國教是伊斯蘭教的馬來西亞，穆斯林婦女帶頭巾是天經地義的。無論是馬來婦女還是其他改教的穆斯林，都將自己的頭髮等用漂亮的頭巾包裹起來。

圖 6-11　著馬來服裝的馬華穆斯林女性

　　我們在調研中感受到那些華人女性改信了穆斯林教的，對自己在行為方面的要求是很嚴格的。尤其是在服飾方面，絕對遵從伊斯蘭的要求、按照《古蘭經》的教導來規約自身。

討論與思考

　　甘肅、臺灣及馬來西亞的有關穆斯林女性的田野場景，我們看到了信仰同一宗教的、同為女性的穆斯林女性在婚姻、宗教行為及社會性別方面的異同。一方面，展現在我們面前的是宗教與性別帶來的相同之處，另一方面向我們展示了文化、環境及政治體制多帶來的不同之處。

　　仔細分析與研究，有許多方面是很有意義並值得探討的。

宗教信仰與地域文化

　　伊斯蘭教在發展並向外傳播的過程中，不斷吸收各地的文化因數，其婦女觀也相應地產生了變化。中國的伊斯蘭文化，除了體現伊斯蘭教的基本原理外，在現實生活中，往往是中國化的伊斯蘭教，受到儒家文化的深刻影響，其中也不乏滲透一些道教和佛教的思想。明末清初的伊斯蘭漢學派為中國伊斯蘭教在理論和形式上奠定了基礎，從而使中國穆斯林在尊重儒家學說的前提下表現出新的特徵，「經政兼通，回而兼儒」、「以儒詮經」將中國傳統文化與伊斯蘭文化揉合在一起。伊斯蘭漢學派的思想至今影響著我國廣大西北穆斯林地區。

　　伊斯蘭教在發展並向外傳播的過程中，不斷吸收各地的文化因數，其婦女觀也相應地產生了變化。伊斯蘭教婦女觀在傳播過程中的本地化。在中國化的伊斯蘭文化指導下，很多行為因襲了中華文化傳統，特別是在婦女地位和權利方面。西北穆斯林地區的各門宦、教派中，伊斯蘭婦女觀受到漢封建文化的影響，提倡「夫唱婦隨」、「嫁雞隨雞、嫁狗隨狗」。在婦女地位問題上，把重男輕女思想冠以真主的旨意。在過去認為婦女應該俯首聽從，將婦女限制在家庭之中，聽從丈夫的安排。在家庭中父權、夫權占統治地位，甚至丈夫去世後，母親還要服從家中兒子的意願。

　　在馬來西亞社會，雖然馬來人是穆斯林，傳統信仰在他們之間的影響依然很深。這些傳統信仰表現在馬來人生活的每一個領域──社會、經濟、政治、健康之道，甚至是愛情。這些傳統信仰，今天在馬來人當中廣泛流傳，那是伊斯蘭教傳入這個地區之前的信仰系統的延續。舊信仰系統

是建立在所謂的泛神論上，很難重新建構。①表面上看，泛神論信仰與伊斯蘭教是相衝突的。但是，為什麼這些信仰在馬來社會一直持續呢？為什麼馬來人在信仰了伊斯蘭教，還保持著這些傳統信仰呢？賽·胡先·阿裡先生認為可以從三個方面來看待這個信仰或宗教系統：即儀式、神職人員和教義。在這三個相互關聯的每一個層次可以感覺到傳統信仰與伊斯蘭教的相互衝突和相互包容的過程。如，馬來人的婚嫁過程有許多儀式，如托媒、提婚、送聘禮、婚禮、對面而食等，這些儀式已作為馬來人文化遺產世代相傳。伊斯蘭教義沒有清楚說明這一切是該做還是不該做。若要說有違背伊斯蘭精神的，就是其中一些儀式的過分花費，造成奢侈浪費和鼓勵財大氣粗作風。但一般而言，這一切都是適量進行的，是被允許的。必須記住，就算所有的傳統儀式都是以最完美的方式做盡了，婚姻還不算有效。一直到所有儀式均按伊斯蘭教規定的要求——如在證婚人前明述偕老婚約——由新郎和新娘虔誠加以履行。可是看出，馬來人融合了傳統儀式和伊斯蘭教義。就婚嫁而言，傳統和宗教的要求雙雙都符合了才算完美。

在農耕方面也有好些儀式，已經成為與經濟事務掛鉤的傳統信仰系統。農作的每一個階段都有相應的儀式：下種時期、成長時期和收割時期。例如：在一些地方，插稻秧季節來到時，農民收集一些葉子、黃米和一把稻穀，讓巫師念咒祝福。葉子過後種在苗床，念以下咒語：「頌哉，蒼天吾父，大地吾母，祈護秧苗」。

黃米撒在苗床，接著是向先知默哈穆德禱告三遍。伊斯蘭元素中的祈禱和禱告，已融合於傳統儀式中。但是，如果儀式所尋求祝福的對像是大地神靈，而非阿拉，它卻可導致真主意外其他神力的信仰。或許祈禱和禱

---

①泛神論信仰圍繞著人的種種——山、小丘，甚至蟻穴，湖泊、河流、小溪、大海和天空、樹，甚至是被腐蝕了的樹洞——都有超自然神奇力量的寄附及保護著。人們就向這些超自然力量作出各種各樣的要求，他們得通過對超自然事務有專門能力的人，這些人使用各種的祭祀儀式，有時有關的社群成員得參與其中。

告象徵儀式是從屬於伊斯蘭信仰的。[1]

可是，為什麼傳統信仰在馬來社會中還是揮之不去呢？也許是一切已經成為穆斯林人生活中不可分割的部分，是馬來文化遺產的一部分。它們關係到馬來人社會經濟價值和活動，而只要這些繼續存在，傳統信仰將會保留。[2]這也是伊斯蘭教在馬來社會中與當地本土地域文化相融合的結果。

就嘟嘟公[3]信仰的問題來看，以前嘟嘟公是馬來人的信仰，他們改信伊斯蘭教後這種信仰就被華人承接了。現在在馬來西亞很多城市，只要有華人居住的地方就會有嘟嘟公。

在檳城的調研中，我們聽到一件很有意思的事情，一位在馬來西亞已是第三代的王先生給我們講了一件事，他說：

> 嘟督公現在都是華人在拜，馬來人是不拜的。拿督公在樹底下安置的比較多。有一次一個街道的道路改建要砍一棵樹，而那顆樹下有個被供奉的拿督神廟。華人工人絕對不會去動的，讓馬來人去砍，可是馬來人也不敢砍。沒辦法，政府出了個公文，上面蓋了公章，這樣工人才敢去移動樹下的拿督公。他們認為政府蓋的公章是具有震懾力的，可以鎮住拿督公不會遷怒於移動他的人。

---

[1]賽‧胡先‧阿裏著，賴順吉譯，《馬來人的問題與未來》，策略諮詢研究中心，2010 年，頁48-49。

[2]Ibid，頁 51。

[3]嘟督公：嘟督公也叫拿督神，是具有馬來西亞特色的神明，相當於中國的「土地公」，是掌管山林及土地的「神」。在馬來西亞到處都可以看到供奉的拿督神廟。據說，因為嘟嘟公是馬來人的神，所以在祭拜的時候是忌拜豬肉的。一般是用蠟燭、牛肉或羊肉祭之。

就穆斯林女性進清真寺學習方面，三地的表現是不盡相同的。我們都知道清真寺是傳播伊斯蘭教宗教思想的講壇，是廣大穆斯林群眾進行宗教活動的場所，是穆斯林禮儀禮俗的實踐和規範的地方。同時，清真寺又是一所傳播知識的學校。作為全民信仰伊斯蘭教的穆斯林居住地，清真寺是其生活的一部分，起到了不可替代的巨大作用。清真寺在穆斯林地區是十分神聖的所在，但女性通常除了幼年時間和齋月的很短時期，很少有機會進入寺中。地處內陸的西北地區，女孩子在十三歲以前是可以到清真寺學習古蘭經及阿文等，到了十三歲以後就不能再去清真寺學習。女孩一般會在家裡隨著母親做禮拜。我們在西北穆斯林地區的田野中瞭解到，女孩宗教知識的習得除了十三歲以前在清真寺獲得的有限經文只是之外，其他的宗教知識及宗教行為均是來自於自己的母親。

我們在調研中訪談到的很多人都說小時候曾去過清真寺學習，但那時學的東西長大基本上全忘光了。而且，據我們調查瞭解到的情況，目前清真寺針對孩童開辦的學經班，大多是在孩子們放寒暑假的時候開班，家長也只是想讓孩子瞭解一些宗教基本知識，對孩子的要求不高，學習時間也有限。因此，效果並不是很理想。過了這個年齡段的女性就再也沒有機會在清真寺裡學習宗教知識了。

可見，儘管信仰伊斯蘭教的馬來人已經不信仰嘟嘟公，但是在他們的心目中對嘟嘟公的敬畏依然是存在的。應該說，在馬來人的信仰中是融合有多元信仰的成份。

圖 7-1　緊挨大樹而建的嘟嘟公廟

而臺灣的穆斯林女性進清真寺學習是不受性別與年齡限制的。在臺灣的調研中我們感覺到臺灣穆斯林女性的自由度相對是比較大的。龍岡清真寺馬先生：

　　　　週末來清真寺裡學習經文對女性沒有限制，寺裡有專業的老師、可以學到不少東西，比在泰緬強多了（那裡就沒有專門的老師）。

　　　　馬先生說他給董事會提了建議，只要有興趣，就不要有年齡、國籍限制，也不要有性別限制。他說，這裡來的女性年紀大的有 50 到 60 多歲的。但是來寺裡對服裝有要求。男寺、女寺分開。與女性談話，要在別人能看見的地方，不能關門，避免是非。[①]

　　馬來西亞華人穆斯林學習宗教知識的管道就更多，她們可以去清真寺學習、也可以參加為改教穆斯林的各種培訓和項目計劃，應該說在那種伊斯蘭文化氛圍中，她們學習伊斯蘭文化的機會更多、更便捷。所以有人告訴我，他說馬來西亞的婦女地位比起其他地方要高，特別是比起受限制的中國西北地區的穆斯林婦女要高。這可能與去清真寺學習的性別限制於年齡限制等有關係的。

　　分析造成這些差異的原因，除了與歷史、文化的因素外，我們感覺本土地域文化也是其中一個重要的影響因數。中國內陸的西北地區女性在某種程度上是很接近的，不僅是穆斯林婦女恪守著內斂、含蓄的秉性，就是一些漢人婦女也是如此。那麼很多人分析認為與儒家文化對當地女性的影

[①]臺灣報導人馬先生（來自中壢），2011.5.22.

響和制約是有關係的。如「三從四德」、「夫唱婦隨」等在不同民族中包括穆斯林中均有不同程度的體現。這其中也不乏伊斯蘭教在中國發展時與本土儒家文化相結合的適應性發展。所以，其實對女性的一些限制和制約不僅僅是在穆斯林婦女中，而是其他民族中也有不同程度的表現。

再來看臺灣的穆斯林女性可以不受年齡與性別的限制去清真寺學習，這也是與臺灣不同文化的影響是分不開的。作為一個處於漢文化圈中，而且漢人信仰多元化的臺灣社會，穆斯林要想發展是面臨許多困境的。這也是現在臺灣六大清真寺的教長憂心忡忡的地方。很多人來臺灣的感受就是臺灣的環境很好，宗教信仰的盛行是臺灣民俗的一大特色。臺灣的寺廟多、信徒多，是一個宗教信仰多元化的地方，共分為佛教、道教、基督教、摩悶教、回教、印度教等。不僅崇尚傳統信仰，還接受外來宗教思想，也就形成了許多宗教的發展。當你來到臺灣時，如同進入一個古老的中國，有看不完的寺廟，過不完的節。所以在這樣的本土地域文化環境中，臺灣的伊斯蘭教要如何面對這樣挑戰、要如何在處於弱勢的環境中發展是一個關乎臺灣伊斯蘭教盛衰的現實問題。那麼，各地的清真寺和教長都在想各種辦法來喚起教民的宗教意識、阻止年輕一代穆斯林的外流、吸引外教人士對伊斯蘭教的認識與理解。他們的做法中就有清真寺舉辦的經學學習班。這種班級是不是年齡與性別限制的，只要有時間有興趣都可以參加。像龍岡清真寺的做法是把這些學習者按照不同的年齡來分班教學，我們在調查者注意到在各個班級中都有女性參加，但是年紀大的不多。（錄音）

　　龍岡清真寺馬哈吉說道，現在對伊斯蘭教的研究不
多，很可惜。臺灣只有龍岡清真寺有經學班。臺灣人們有
信仰的自由，很幸福。

我們明清時來臺的穆斯林都被同化了，如鹿港的丁姓郭姓就是被同化了。伊斯蘭教必須融入當地的文化，否則就不適應，就被同化。過去伊斯蘭教被漢民排斥，有時有誤解，也有衝突。

　　我就擔心，我們歸真後，我的孩子就要像鹿港的那樣嗎？所以，我們就辦經學班來教育我們的下一代，已經辦理了十幾年了。我覺得宣教不僅僅是伊瑪目的責任，而是每個穆斯林都有此責任。在臺灣，對穆斯林不好的就是這是一個非穆斯林國家，穆斯林人口少，生活、教育都不方便。

　　要教導我們的孩子站起來、拍著胸脯說：我是一個好的穆斯林！

　　但是，現在人們、尤其是年輕人接受資訊多，有多種選擇。有時候也沒辦法。①

　　可見，臺灣的這些回教界人士的想法和做法也是從伊斯蘭教的現代適應性發展來思考的。或許與本土文化的適應性發展是處於弱勢的伊斯蘭教可能尋求突破性發展的一個路徑。

　　馬來西亞是宗教國家，伊斯蘭教是他們的國教，所以不存在教民流失或者受限制的狀況。在這樣的本土文化中，穆斯林婦女、特別是華人穆斯林婦女的活動空間相對是比較大的。

　　所以相對臺灣與馬來西亞的穆斯林女性，西北穆斯林女性可能表現的活動有限、被動適應，開放度有限等。

---

①臺灣報導人馬先生（來自中壢），2011.5.22。

女性意識與人文環境

就女性本身對自己的自覺而言，三地的穆斯林女性表現程度是不盡相同的。地處大陸的穆斯林女性，即使在城市工作的或外出經商的，她們中有些也是受了高等教育的，但其女性或女權意識的外顯性不強，表現的一個特點還是相對的內斂與含蓄。他們一般少表達自己的意願與想法。

在臺灣和馬來西亞的調研中看到的情形是不同的。臺灣的穆斯林女性表現的是比較積極和活躍的。臺中清真寺閃教長說道：

> 臺灣穆斯林女性女權意識強。她們大部分都出去工作，其中也有一些是在家裡的，有些出外。一份薪水不夠就出去工作，薪水夠就不出去工作。保守型的穆斯林都是不出去工作的。不出去工作的女性會來清真寺參加活動。不出去工作的女性有些也是受過大學教育的。
>
> 閃教長認為，女權意識表現強主要是她們可以表達自己的想法，不像過去傳統女性不敢講，壓抑。她敢講：我的意識是什麼、我的思維是什麼、我的想法是什麼……
>
> 伊斯蘭教是提高婦女的地位，不是降低婦女的地位。西方的傳媒都是……伊斯蘭提高婦女地位：如女的繼承權，女的只有男人的一半（此前阿拉伯世界女性沒有繼承權），在 1400 多年前女性就可以繼承。
>
> 閃教長說我們清真寺裡婦女的活動也有一些，烹飪方面的演示或比賽，如清真食品的。婦女組的就是我們的常

務總監事來負責，婦女組的成員不多。

在臺灣女性的很活躍，喜歡學習。

臺灣回教協會的馬祕書長說：臺灣婦女比男人用功、辛苦，婦女的進步是伊斯蘭的進步。婦女感化力強、仁慈、善良、執著。清真寺舉辦的活動婦女參加的多、參與力強。但婦女的正義感不強，有點自我保留。易被權力左右、被感情左右。作為穆斯林女性，要加強理智合理的判斷。

從我們在臺灣接觸的的穆斯林女性以及臺灣回教界人士的描述中可以看到，臺灣穆斯林婦女的女權意識是比較強烈的。對於自己的生活她們可以有自己的意見、自己的選擇。

在馬來西亞接觸到一位華人穆斯林女性，她是因為嫁給馬來丈夫而皈依的。她說自己以前信仰的是基督教，後來，認識她現在的丈夫後就經常去清真寺瞭解他們的宗教。一年後他們確定了戀愛關係，然後就皈依伊斯蘭教。從她的表述中可見，她是很有思想和頭腦的。她認為自己是選擇對了宗教，即使生活發生什麼變化她也不會改變自己的信仰。馬來西亞的華人穆斯林女性也有著比較強烈地表達自己願望的意識，而且似乎她們更關心伊斯蘭教的發展以及自身的發展。但是，從馬來西亞的女性生活可見，她們中的大部分人還是有一定的女性意識和女權意識的。

生育性別與生態環境

生育性別即穆斯林女性生育後代的性別，也就是生男孩和女孩的問題。關於生育性別的問題是一個關係到女性家庭地位、家族地位的大問題。現代的城市地區這種觀念已經有所轉變，但是在鄉村社會中這個問題依然是比較突出的。

受到宗教和傳統「男尊女卑」、「養兒防老」思想的影響，人們的生育意願集中在男孩上。另外，受到當地生活自然條件影響，以農業為主要生產方式，人力的貢獻仍然是農業的主要增長點，而且在鄉村穆斯林社會中女孩也是不被允許自己單獨出去打工的。人們生育意願相對較高，並以生育男孩為榮，若只生女孩就被認為是斷了根，是最大的不幸。

> 在田野調查中，一些回族男性告訴我們「如果我去世了，兒子是我的後代，女兒是嫁出去的」。還有一些回族說：「女孩長大要給過人家，是他人家的人，給別人家幹活。男娃娃在自己家，還是男娃娃重要些」，「男孩子長大了可以到外面去打工賺錢，那時候我們老了，也鬆快些（即負擔輕一些）」。

因此，女孩從出生起就已經在家庭資源的享用上被排在了次等位置。當女孩稍稍長大，就被安排以家庭中的許多工作，成為家庭中母親的助手，做一些簡單的採集、照顧年幼的弟弟妹妹和年老的祖父母，成為母親家務勞動的幫手。

在重男輕女、傳宗接代、養兒防老等傳統思想影響下，父母或祖父母就對嬰兒的性別偏好增強。傳統觀念支配著人們的生育行為，人們往往在生男孩的路上不懈地追求，婦女也因此在這一過程中付出了身心的巨大代價。因此，嬰兒的性別與母親在家庭中的地位自然地產生了關係。婦女在婚姻家庭中的地位往往與其生育行為和結果聯繫在一起的，終生不育和只生育女兒的婦女很難在婚姻家庭中獲得地位。對於女性來說，由於家族完全由父系親屬構成，母系親屬並不在家族範圍之內，婚後的女性行動自由受到了很大的制約。嫁入男方家後，進入男方原有的親屬網路，漸漸與女方父母方面的親屬網路疏遠，得不到來自自己親屬方社會資源的支持，從屬於丈夫及其家庭。生育是獲得在現有家庭社會資源的重要途徑。在鄉村社會中，我們經常可以看到的標語就是：「生男生女都一樣」、「女孩也是寶、家裡少不了」等以影響或教化人們的觀念。可是在老百姓中流傳的是「實在不行了，男女都一樣」。

在現代的城市環境中，這種想法有所轉變，然而想生男孩的願望依然是強烈的。中國大陸實行計劃生育政策時期，每個城市家庭職能生一個孩子。因而在心理上人們期待的依然是男孩為好，這與傳統思想是一致的。可是，現實生活中，生活於城市中的人們似乎也更易接受生男生女都一樣觀點。在民間有種說法是「生男孩是名氣、生女孩是福氣」，這也是表現出人們對生育性別觀念的一種變化。

在臺灣和馬來西亞的調研中，我們所訪問的對象均表現出沒有生育性別方面的歧視。臺灣的女性和馬來西亞的穆斯林女性聽到我們描述西北的這種性別觀念都表現出不理解。因為，在她們的意識中，生男孩女孩是一樣的，沒有什麼不同。

在馬來西亞的田調中，我們遇到了一個很漂亮的女孩子，跟她丈夫一起來的，她丈夫是馬來人。她圍著漂亮的紗巾，帶著很美的胸花。年齡約

37 歲左右的樣子。很健談、開朗，華語非常流利。小時候上的是華文學校。她說：

> 我是在認識丈夫之前就皈依了，父母不同意，周圍人也不理解，看我包著頭巾都覺得怪怪的。自己生有兩個男孩。在我們這裡不存在生男生女的問題，都是一樣的。
>
> 與婆婆家人的不同是，自己覺得兩個孩子就好，但是他們就希望多生，生的越多越好。
>
> 丈夫還問我，如果願意就讓孩子隨我的姓，我就對他說生的男孩就姓他的，生了女孩就隨我的姓。現在看來是姓不了自己的姓了，因為自己不想再生了，兩個孩子已經夠了。

在我們的調查中發現臺灣和馬來西亞的穆斯林女性沒有存在因為生男生女而產生特別強烈的困惑。分析原因，應該是與中國西北地區、臺灣地區及馬來西亞相關地區的生態環境有著一定的關係。生育性別跟生態環境等有著一定的關係。中國西北地區自然條件相對艱苦，所以對男性的力量的要求就會大一些。特別是在鄉村中，每個家庭都需要勞動力，許多農活女孩子幹起來是不方便的。三地對男丁期待共性的主要表現在傳宗接代方面。

從中國西北蘭州等城市穆斯林社會對生男生女態度的開始轉變也揭示出隨著生態環境的改變、隨著生活能力的提高，有關生育性別觀念就會相應發生變化。當然，生男孩為傳宗接代的觀念還是會持續的。

在田野調查中，有回族老人告訴我們說：我們這裡給田裡澆水都是輪流的，有時候輪到時是半夜，男娃娃披著衣服就出去放水了，可是女娃娃

就不方便也不安全了。再有幹一些需要出力氣的活，就需要男娃娃，所以，農民家裡沒有男娃娃困難就大得很。

這種觀念在西北農村是帶有普遍性的，包括在一些漢人社會也是如此。所以，生態環境與生計模式也是造成人們生育性別觀念形成的原因。那麼，這種觀念也延續到城市社會中，使得剛剛步入城鎮化或城市化發展的地區同樣也有這樣的傳統觀念。當然，因為城市人面對的生計模式不同，其對生育性別的期待或態度也在發生著變化。而臺灣與馬來西亞的生態環境所帶來生計生活模式對性別沒有特別的要求，所以，其生育性別觀念中沒有明顯的期盼男嬰的思想。在臺灣等地，如果多少還有些生男孩的願望，比較重要的壓力不在種田的需求等方面，而是在傳宗接代的觀點上。

信仰表現與經濟能力

　　一個人的信仰能力除了心裡深處的堅定之外，還與經濟能力有著一定關係。三地穆斯林女性其宗教虔誠度如何與自身經濟能力是分不開的，但是，它們之間又不是一個正相關的關係。經濟條件的好壞並不是決定信仰程度的一個因素。

　　我們的研究發現，經濟條件比較差、人們的物質生活相對貧困的地區，其宗教信仰反而表現出極大的虔誠性。

　　就像穆罕默德說的那樣「拜功是伊斯蘭教的基柱，誰廢棄拜功，誰就等於毀棄伊斯蘭教的基柱」。拜功是一切功修中最有益的，它是真主在兩個作證詞之後規定的第一項功修。禮拜是穆斯林淨化心靈的最佳途徑。伊斯蘭是醒世的宗教，每天五次禮拜使穆斯林有機會清醒頭腦，思考問題，淨化心靈，是穆斯林養成良好習慣。但是能夠認識並堅持做到，確實不易。《古蘭經》中也多次重複「禮拜確是件難事，但是對恭敬的人卻不難」（2：45）一個虔誠的穆斯林，把禮拜視為信仰的表白、對真主的感恩以及信仰的精神支持。每天五番禮拜，在長達幾十年的歲月裡從不懈怠。禮拜是順服真主的具體考驗，是穆斯林信仰意志的具體體現。因而禮拜，作為伊斯蘭教儀式中最為日常化的一種儀式，成了穆斯林內部衡量穆斯林信徒虔誠與否的重要標誌。在穆斯林社會虔誠做禮拜的人，是受人尊重的。而不會做禮拜或者年齡大了還不做禮拜的人人是會遭人嘲笑或鄙視的。但是朝覲不起、交納的天課不多等等卻不會如此。因而，我們在考察穆斯林婦女的宗教生活狀況時，更多關注她們做禮拜的情況。

　　在三地的調研中，我們看到中國甘肅穆斯林地區尤其是鄉村社會，穆

斯林女性的宗教虔誠度是很高的,她們按照《古蘭經》及伊斯蘭教義來規約自己。伊斯蘭教已與她們的日常生活溶為一體。在甘肅西北穆斯林的鄉村社會中,穆斯林女性的宗教虔誠度是很高的。而且回族也十分看重禮拜的獨特的意義,他們一般都把是否做禮拜視為是否是一個穆斯林的標誌。他們用一個反問句簡單明瞭的表達了他們對禮拜重要意義的肯定:「不做禮拜還是回回嗎?」、「不做禮拜算是啥少數?」。或許她們沒有受過什麼教育、沒有出去見過世面,但是她們完全用伊斯蘭教來規約自己。

到了鄉鎮或城市中的穆斯林女性,一般的工薪階層或作小生意、小買賣的穆斯林,她們終日為改善生活而忙碌,所以,做禮拜的時間也是很難保證的。如果問到她們是不是做禮拜?她們常說的就是:沒時間、顧不上。有些人還說等有時間時就會加倍做來彌補上。而處於城市生活比較好的穆斯林家庭中的女性,其宗教信仰的虔誠性又在上升。在外顯行為上,她們會遮住羞體,戴上蓋頭或頭巾,也會堅持做禮拜,特別是年紀大的就更為注重日常生活中的宗教性。這部分階層的穆斯林女性參加宗教也較為積極。

在臺灣,因為伊斯蘭文化氛圍的淡薄,處於中下水準生活階層的穆斯林女性,她們好像更多地是為自己的生活而忙碌著。我們沒有接觸到處於較高位界(政治地位、經濟地位較高)的穆斯林女性,所以,該階層女性的信仰虔誠度無從得知。但是,就所接觸到的中等偏下的階層的穆斯林女性,她們的宗教信仰表現與同一位界的西北穆斯林女性有類似之處。也可能是城市生活的重負使得她們承擔了部分養家的責任所致。看到她們中的大多數都是為了生計而勞碌、奔波。

在馬來西亞所接觸到的中下階層華人穆斯林女性大多是外出工作,但她們表達的願望是一旦家庭條件好轉就不會出去工作。還有些沒有孩子的表示,一旦生了孩子就不出去工作了。在伊斯蘭教為國教的馬來西亞,她

們對自身的要求也是比較嚴格的恪守伊斯蘭教規約。而在馬來西亞處於中等或以上水準的穆斯林女性，則更多地表現出對伊斯蘭教及穆斯林女性群體的關心。她們中的大部分人都不會出去工作，在家中是相夫教子。她們對宗教表現出更大的熱忱、積極。

所以，研究信仰程度與經濟條件之間的關係發現，經濟生活條件比較差的地區或生活水準不高的穆斯林女性的宗教信仰的虔誠度比較高。她們似乎對生活上物質的需求不是很高，即使在我們看來生活的非常簡單、物質條件也較為貧乏，但是她們似乎很易知足，對生活的滿意度挺高。無論是在宗教的外顯行為還是內心的活動，其表現程度是高的。在經濟生活條件一般的家庭裡，穆斯林女性的宗教行為或活動就表現的相對鬆散一些。她們承受的更多的是來自家庭生活的壓力，要化更多的精力和心思在改善家庭生活方面。這部分階層的穆斯林女性，她們對生活有著一定的要求和追求。因為，這部分大多生活於城鎮或城市，有著與周圍人的比較，也有著自己對生活的希望。那麼，改善自己的經濟條件、生活環境，讓子女接受更好的教育可能都是擺在她們面前的任務。處於這樣生活條件與經濟水準的穆斯林女性，其宗教的外顯與內隱性行為都不十分明顯。還有一部分穆斯林女性，她們的生活處於比較輕鬆、自在的狀況，生活於社會的中上階層。她們有更多的時間和精力來安排自己的宗教生活，她們的宗教活動更頻繁、宗教的外顯與內隱性行為更強。

根據這樣的調查和觀察分析，我們在這裡提出一個宗教信仰表現與經濟能力之間關係的倒「U」曲綫，或許通過這個曲綫，我們可以直觀瞭解二者之間的內在關係（見下圖）。

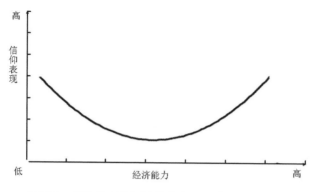

圖 7-2　信仰表現與經濟能力之間的「U型關係」

　　這個曲線圖向我們表明「信仰程度與經濟能力」之間的「U」關係，我們在這裡把它稱之為「U」理論。或許，用理論還不算成熟，或許在以後的研究中要進一步的檢驗。但是，我們想用這種似乎有普遍性表現的現象，來對穆斯林女性的的宗教信仰程度與經濟能力之間的關係進行梳理，希望可以找到一些規律性的東西。

　　但是，無聊如何有一點是可以肯定的，那就是信仰能力與經濟條件之間是並非屬於正相關的關係。

女性主內與家庭生活

　　我們的研究發現，三地穆斯林女性在出去工作與否上，在意識上是很一致的，她們願意待在家裡相夫教子，這種思想應該是與《古蘭經》的要求是一致的。但是，實際因為經濟及生活的需要會有所不同。

　　甘肅的穆斯林女性開始走出家庭，走向社會，或參加工作或協助丈夫從事家庭商業。甘肅鄉村社會的穆斯林女性大多從事家務與農田勞作，而男性大多外出打工，是典型的「男主外、女主內」的性別分工模式。現在也慢慢出現的一種情況就是，家裡的男性外出打工或從事小商業活動時會帶上自己的妻子，留在家裡的就是老人和小孩，這又會產生一些新的問題。讓自己的妻子從事一些協助下的工作，總比雇人花錢要合理。所以，一些鄉村社會的明顯了女性也隨著自己的丈夫走出農田、走出庭院、走向社會。

　　城市裡的受過教育的回族女性一般都有自己的工作，穆斯林女性在各行各業中都有。她們中有大學教師、政府機關的公務員、服務行業，或者企業等等，應該說她們從事的工作沒有任何限制。當然，從事餐飲業的都是在穆斯林的「清真」餐廳。也有一些回族女性從事個體經營的。回族是一個善於經商的民族，所以無論男女老幼都是很有經商意識和能力的。所以，穆斯林女性從事個體經營的大多數是開餐館賣清真小吃、開商店買日用品、賣清真牛羊肉等營生。所以，即使在城市裡的穆斯林女性也是基本上會出去工作、從事社會活動。我們在蘭州市回族聚居區的西園社區田調時瞭解到，出來一些退休的或老年婦女外，青壯年女性都在外面工作或做生意。

在臺灣的田調也發現，臺灣的穆斯林女性大部分也是出去工作。我們看到在中和永和開的一些小吃店中，婦女發揮著極大的作用。在中和，我們訪問了一個飲食店女老闆，她是來自緬甸的華僑穆斯林。她很真誠的告訴我們：

> 伊斯蘭規定是女的在家裡，我也願意在家裡，可是由於生活所迫，就不得不從事家庭商業。現在兒子在店裡給我幫忙。其實我們女的還是願意在家裡的，只要有條件。

儘管許多穆斯林女性在工作或從事 Family Business，但是，問起來是否願意出去工作，她們都表示，肯定不願意這樣辛苦啦，都是生活所迫不得已而忙生意的。如果條件允許，她們是願意待在家裡的。臺北一位在回教協會工作的穆斯林女性說：

> 臺灣的許多穆斯林女性面臨的一個問題就是要不要出去工作。真正的伊斯蘭，婦女不工作、受過良好教育、但婚後不工作、是個媽媽和妻子的角色。工作要花在有益的事情上（如在伊斯蘭協會工作）。
> 永遠別忘了自己作為媽媽的角色。

看來穆斯林女性是否可以按照《古蘭經》所說的「主內」主要取決於經濟因素，也即信仰能力與經濟因素之間有著密切的關係。臺灣龍岡清真寺馬先生告訴我們：

我們這裡的穆斯林女性不會像中東那裡的待在家裡，我們從泰緬來的穆斯林女性是可以出去工作的。這在沙烏地是不可能的，所以公共服務場所是沒有女性的，女性外出必須由男人陪同。如果獨行會有宗教員警制止。如果宗教員警攔截不從，他是有權鞭打的。我們這裡有經濟能力的家庭，婦女就會依據自己的喜好自由選擇開店、工廠等。一般的家庭的也是在外面工作，泰緬來的穆斯林主要是在工廠，如加工業、電子業。做一些比較細膩的工作（約70%-80%的女性都在工作）。

他說：我們從雲南輾轉泰國緬甸來到臺灣，我們是兩手空空來的，我們是比較開放的，女的是可以工作，而且也必須出去工作。不出去工作在家的是少數。大家都是兩手空空而來，都要去工作。

他還說：我們做生意很難，主要是不賣酒生意就差。伊斯蘭教規不允許賣酒，但我們經營餐飲就困難。中國人好客，請客時要喝個小酒，可我們不能提供，這樣就影響生意。

臺灣穆斯林女性存在的問題：要不要工作、找不找工作。取決於先生的工作，如果足以養家就選擇不工作、如果先生薪金不高就不得不工作。

在馬來西亞，現在「婦女的地位也變了。在鄉下，已婚婦女通常幫丈夫下田。但是城市的妻子，除非本身有工作，通常是丈夫去上班時留在家中。大多數的婦女，尤其是中、下階層者，做家務、煮食、洗滌、看顧孩子和服侍丈夫。於是，她們更加受到廚房雜務的束縛，上層太太因為丈夫位高財大，請得起僕人或女傭，因而不必做家務，雖然有時或許會幫一些

貨監督工作。她們閑時很多，就用來參加自願團體，做福利或義工等等。……雖然部分妻子是留在家中，也有妻子是有工作的，通常是在跟丈夫不同的地點。夫婦都工作，夫妻在家裡相聚就只有很短的時間，尤其是兩人的工作時間是不一樣的話。除了外出工作，妻子還是得照顧家裡，因此她們肩負的單子就比丈夫的重。……另一方面，許多女性受了高深教育，可以跟男人競爭行政管理和商業高職。今天，大學裡頭女生多過男生，她們普遍上取得更好的成績。雖然她們的工作和所負的責任跟男人相同，其實有時更為重要，做得比男人更好，可是，開放給她們躍升的機會和高待遇的職位非常有限。因此，一般而言，社會變遷繼續使女人地位低於男人。[1]

　　處於一個馬來西亞這樣一個大環境中的華人穆斯林女性，其狀況也是不盡相同的。馬來西亞的華人穆斯林女性我們調研中接觸到兩種類型，一種是新一代的華人穆斯林移民，一種是改教者。這兩個群體的女性參與社會的表現是不一樣的。新一代的華人移民群體在馬來社會中處於中等或以上水準，他們中的男性大多是受過高等教育，一般是從事教師或 IT 行業的管理等職業，還有一些是行醫等行業。所以，我們調研的十幾對華人新移民穆斯林家庭，幾乎是百分之百的女性都是選擇留在家裡相夫教子。而這些女性大部分都受過良好的教育，有些還是大學畢業。

　　一位來自新疆的穆斯林，她丈夫在馬來西亞的一所大學裡任教。來之前在中國她也是一位中學教師。在馬來西亞她也去大學接受教育，但是，她還是願意選擇留在家裡。他丈夫說選擇很多社會問題就是孩子沒有人管，這樣一些孩子就會學壞。我們穆斯林主張女性是要在家裡的，要照顧好家庭和孩子。

----

[1]賽‧胡先‧阿裏著，賴順吉譯，《馬來人的問題與未來》，策略諮詢研究中心，2010 年，頁 70-71。

在馬來西亞的調研中遇到一位馬太太，是來自四川的穆斯林。她有兩個孩子，男孩 5 歲，女孩抱著懷中約 7、8 個月。她丈夫是土耳其人，做生意，經人介紹認識的。丈夫在馬來西亞和土耳其來回跑。她說：

> 我們穆斯林的女人是願意待在家裡照顧家庭、小孩和丈夫的，如果都出去工作了，誰來照顧孩子。我丈夫認為我待在家裡相夫教子就是天經地義的事情，他不會認為養活我而有怨言。現在很多都工作的父母孩子都教育不好，划不來的。我對生活的要求不高，丈夫能掙多少錢就花多少錢、能過什麼樣的生活就過什麼樣的生活其實，伊斯蘭教對性別的規定是對女人好的，讓女人出去跟男人爭半邊天是把女人害了。她們要工作、還要照顧孩子和家庭，其實一樣也沒有少。

馬來西亞的 AH 小姐有兩個女兒，她說希望她們以後可以嫁給印度人啊什麼的，這樣就可以多帶一些人來入教。她說：

> 家婆（就是她的馬來婆婆）對自己比親生母親還好，有點咳嗽就每天打電話問候。自己可能因為結婚與入教的原因與自己的父母有點疏遠了。等家庭生活條件好時，還要再多生幾個孩子。如果經濟條件允許，我就不出去工作了，可以留在家裡照顧孩子和丈夫，可以多生幾個孩子。我覺得生六個孩子最好。

看來只要丈夫有足夠的收入，不管在大陸的西北穆斯林、臺灣穆斯林中，女性被訪者大多願意在家裡相夫教子。所以是否能按照伊斯蘭教教義的要求與經濟能力是有著直接的關係。所以，三地穆斯林女性面臨的一個共同問題即「外出工作，或留在家裡」。

但是，我們在三地的調研中發現一個現象就是，大陸西北地區的回族即使家中條件好也會出去工作。很少在城市中的、受過良好教育的女性不出去工作的，除非因為各種原因找不到工作。臺灣的穆斯林女性大部分都出去工作，或許因為我們所接觸到的中下階層比較多的緣故吧。而馬來西亞的處於社會中下階層的華人穆斯林女性也大部分出去工作，而處於中上階層的華人穆斯林女性、即使受過良好的教育也大多會選擇不出去工作，而在家裡「相夫教子」。還有一些上層社會的女性，家中有傭人，連家務也不用做的，有些會去做義工。

根據我們的研究，似乎又可以得出這樣一個結論：婦女外出工作與否與她們所處家庭經濟能力之間似乎是一個拋物線型的關係，即倒∪型（拋物線型）關係。（見下圖）

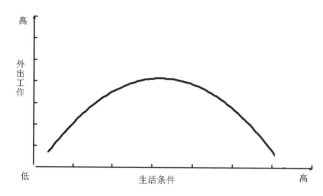

圖 7-3　穆斯林「女性主內與生活條件」之間的「倒∪型關係」

這個圖向我們揭示的是生活水準越低外出率越低，隨著生活水準的上升外出率也提高，而到了生活水準比較高時，外出率逐漸下降。我們把這個現象稱作「穆斯林女性外出工作率與生活社會」之間的倒「∪（拋物線型）理論。

　　這種現象也是值得我們深思的，究竟是在馬來西亞伊斯蘭文化的強勢使得有條件的穆斯林嚴格恪守伊斯蘭教義所致，還是因為男方的收入確實很高、不需要女性出去工作所致，還是有其他因素導致的……這些問題只有進一步深入研究時，增加樣本量以及田調深度方可進一步解析。

主要參考文獻

（一）書籍

鹿港鎮志‧人物篇／吳文星主持；鹿港鎮志纂修委員會{編纂}
鹿港鎮公所編印，民 89。

鹿港鎮志‧民族篇／莊英章主持；鹿港鎮志纂修委員會{編纂}
{彰化縣}鹿港鎮；鹿港鎮公所編印，民 89。

鹿港鎮志‧經濟篇／王良行撰；鹿港鎮志纂修委員會{編纂}
{彰化縣}鹿港鎮；鹿港鎮公所編印，民 89。

鹿港鎮志‧沿革篇／黃秀政撰；鹿港鎮志纂修委員會{編纂}
{彰化縣}鹿港鎮；鹿港鎮公所編印，民 89。

鹿港鎮志‧宗教篇／許雪姬撰；鹿港鎮志纂修委員會{編纂}
{彰化縣}鹿港鎮；鹿港鎮公所編印，民 89。

中國宗教歷史文獻集成.97，《清真大典》，周燮藩主編，第二十二冊，黃山書社，
　　2005 年 10 月。

中國宗教歷史文獻集成.98，《清真大典》，周燮藩主編，第二十三冊，黃山書社，
　　2005 年 10 月。

蔡懋堂，「回教在鹿港」，《臺灣語言民俗雜咀》（臺北：臺灣風物雜誌社，民國六
　　十九年）。

《臺灣教會報》，第四百八十一號，大正十四年四月一日發行，《臺灣的回回教》。

李昭容著，《鹿港丁家大宅》，臺中：晨星出版社，2010.6。

陳曉律等，《馬來西亞—多元文化中民主與權威》，四川人民出版社，2000。

賽‧胡先‧阿裡著，賴順吉譯，《馬來人的問題與未來》，策略諮詢研究中心，
　　2010。

黃純青、林熊祥主修，中國地方誌叢書‧臺灣通志稿（臺灣地區‧第六四號），十，
　　成文出版社有限公司印行，民國 72 年。

黃純青、林熊祥主修，中國地方誌叢書‧臺灣通志稿（臺灣地區‧第六四號），十二，
　　成文出版社有限公司印行，民國 72 年。

金吉堂，《中國回教史研究》，臺北：珪庭出版社，民國 60 年。

林惠祥，《中國民族史》，臺北：臺灣商務印書館，（上、下冊）1983 年。

1979《臺灣通史》，卷 23，〈風俗志〉，臺北：眾文圖書公司，再版。

巴素（Purcell）著，郭湘章譯，《東南亞之華僑》，臺北：正中書局，民國 65 年，
　　1976。

今堀誠二著，劉果因譯，《馬來亞華人社會》，檳城：檳城加應會館擴建委員會，

1974。

中國回教協會，《古蘭經中文譯解》，臺北：中國回教協會，回曆 1418 年 5 月，1997。

王雲五總編輯 1976《雲五社會科學大辭典》，臺北：臺灣商務印書館。

尼古拉斯‧塔林主編、賀聖達譯 2003《劍橋東南亞史》，第一卷，雲南：雲南人民出版社。

古鴻廷 1994《東南亞華僑的認同問題：馬來亞篇》，臺北：聯經公司。

史徒華（Julian H. Steward）著、張恭啟譯，《文化變遷的理論》，臺北：遠流出版社，1998。

朱東芹，《衝突與融合》，廈門：廈門大學出版社，2005。

李亦園，《一個移殖的市鎮 馬來亞華人市鎮生活的調查研究》，海外華人會研究叢書之三，臺北：中央研究院民族學研究所專刊，1970。該書亦於 1985 年由正中書局出版。

李恩涵著，《東南亞華人史》，臺北：五南圖書出版公司印刷，民 92。

顧長永著，《馬來西亞：獨立五十年》，臺灣商務印書館股份有限公司出版發行，2009 年。

李銳華，《馬來亞華僑》，臺北：自由中國社 1954。

宋哲美，《馬來亞華人史》，香港：中華文化事業公司，1964。

何國忠，《馬來西亞華人：身分認同、文化與族群政治》，吉隆坡：華社研究中心，2002。

林水檺、駱靜山合編，《馬來西亞華人史》，雪蘭峨：馬來西亞留臺校友會聯合總會出，1984。

林遠輝、張應龍，《新加坡馬來西亞華僑史》，廣東：廣東高等教育出版社，1991。

姚枬，《馬來亞華僑史綱要》，商務印書館，1943。

費信著、馮承均校注，「滿剌加國」，《星槎勝覽校注》臺北：臺灣商務印書館，1970。

馬天英，《回教概論》，第六版，馬來西亞：怡保南洋書局，1949。

馬歡著、馮承均校注，「滿剌加國」，《瀛涯勝覽校注》臺北：臺灣商務印書館，1962。

陳烈甫，《東南亞洲的華僑、華人與華裔》，臺北：正中書局，1979。

維多‧巴素著，張奕善譯注 1967《近代馬來亞華人》，臺北：臺灣商務印書館。

【澳】顏清湟 1991《新馬華人社會史》，北京：中國華僑出版公司。

鄭月裡 2003《馬天英與馬來西亞：1939－1982》，臺北：中央研究院亞太區域研究專題中心。

《大馬華社的伊斯蘭論述之分析，1980-1990：一個後殖民文化認同政治之個案》，「印尼與馬來西亞的宗教與認同：伊斯蘭、佛教與華人信仰習俗」研討會，臺北：中央研究院亞太區域研究專題中心，2006。

鄭月裡，《清代中期西北穆斯林的新舊教衝突》，臺北：國立政治大學民族研究所碩士論文，1997。

鄭月裡，《明朝與馬六甲交流年表（1372-1434）》，《鄭和研究與活動簡訊》，第 11 期，基隆：海洋大學，2003。

鄭慧慈，《伊斯蘭服飾文化》，《新世紀宗教研究》，第 4 卷，第 2 期，臺北：宗博出版社，2005。

丁宏主編，《回族、東鄉族、撒拉族、保安族民族關係研究》，北京：中央民族大學

　　出版社，2006。

丁明仁，《伊斯蘭文化在中國》，北京：宗教文化出版社，2003。

雲南少數民族古鎮整理出版規劃辦公室編，《回族史論集》，昆明：雲南民族出版社，
　　1989。

中國伊斯蘭百科全書編輯委員會編，《中國伊斯蘭百科全書》，成都：四川辭書出版
　　社，1994。

中國現代國際關係研究所民族與宗教研究中心編著，《周邊地區民族宗教問題透視》，
　　北京：時事出版社，2008。

王立志，《中國伊斯蘭的傳統以及將來》，臺北：中國回教文化教育基金會，1996。
　　王玉青，《「同時，不過分開」－當代「西方普遍主義」敘述下的儒家與伊斯蘭》，
　　臺北：國立臺灣大學政治學系中國大陸暨兩岸關係教學與研究中心，2008。

王王明達、張錫祿，《馬幫文化》，昆明：雲南人民出版社，2008。

王甫昌，《當代臺灣社會的族群想像》，臺北：群學出版有限公司，2003。

方雄普，《朱波散記－緬甸華人社會略影》，香港：南島出版社，2000。

成秋華，《探討東南亞僑生的政治文化：以印尼、馬來西亞、緬甸僑生為例》，臺北：
　　蘭臺出版社，2007。

宋全成，《歐洲移民研究：20 世紀的歐洲移民進程與歐洲移民問題》，濟南：山東大
　　學出版社，2007。

徐松石著，《東南亞民族的中國血緣》（東南亞研究所叢書），發行所：東南亞研究
　　所（香港九龍中央郵箱 K 一一三九號）；承印者：聯盛印刷公司。1974 年 1 月三
　　版。

何鳳嬌編，《東南亞華僑資料彙編（一）》，臺北：國史館，1999。

總編輯：戴小華，主編：張景雲，《當代馬華文存》（政治卷‧80 年代），馬來西亞
　　華人文化協會出版，拿督林金華局紳助印，2001 年 9 月。

總編輯：戴小華，主編：張景雲，《當代馬華文存》（政治卷‧90 年代），馬來西亞
　　華人文化協會出版，拿督林金華局紳助印，2001 年 9 月。

總編輯：戴小華，主編：羅正文，《當代馬華文存》（文化卷‧90 年代），馬來西亞
　　華人文化協會出版，丹斯裡拿督楊忠禮助印，2001 年 9 月。

何國忠編《百年回眸：馬華社會與政治》，華社研究中心出版發行，2005 年 4 月。

周瑞海等，《中國回族抗日救亡史稿》，北京：社會科學文獻出版社，2006。

胡雲生，《傳承與認同－河南回族歷史變遷研究》，銀川：寧夏人民出版社，2007。姚
　　繼德、李榮昆、張佐，《雲南伊斯蘭教史》，昆明：雲南大學出版社，2005。

高格孚，《風和日暖：外省人與國家認同轉變》，臺北：允晨文化，2004。

納麒，《傳承與現代的整合：雲南回族歷史文化發展論綱》，昆明：雲南大學出版社，
　　2001。

馬堅譯，《中文譯解古蘭經》，沙烏地阿拉伯王國法赫德國王古蘭經印製廠，伊斯蘭
　　曆 1422 年。

馬子商等講述；李旭撰寫、攝影，《茶馬古道上的傳奇家族》，北京：中華書局，
　　2009。

馬戎編著，《民族社會學：社會學的族群關係研究》，北京：北京大學出版社，2004。
　　馬克林，《回族傳統法文化研究》，北京：中國社會科學出版社，2006。

馬通，《中國伊斯蘭教派與門宦制度史略》，銀川：寧夏人民出版社，2000 年 4 月第 3
　　版第 4 次印刷。

馬開能、李榮昆，《雲南伊斯蘭教》，北京：宗教文化出版社，2004。

馬強，《流動的精神社區－人類學視野下的廣州穆斯林哲瑪提研究》，北京：中國社會科學出版社，2006。

馬維良，《雲南回族歷史與文化研究》，昆明：雲南大學出版社，2007年11月第三次印刷。

許利平等，《當代東南亞伊斯蘭發展與挑戰》，北京：時事出版社，2008。

從恩霖，《伊斯蘭教與穆斯林生活》，香港：藍月出版社，2007。

張中復，《清代西北回民事變－社會文化適應與民族認同的省思》，臺北：聯經出版事業公司，2001。

張茂桂等，《族群關係與國家認同》，臺北：業強出版社，1993。

菅志翔，《族群歸屬的自我認同與社會定義：關於保安族的一項專題研究》，北京：民族出版社，2006。

黃光學、施聯朱主編，《中國的民族識別：56個民族的來歷》，北京：民族出版社，2005。

雲南省編輯組編，《雲南回族社會歷史調查（三）》，昆明：雲南人民出版社，1986。萬明鋼主編，《多元文化視野：價值觀與民族認同研究》，北京：民族出版社，2006。賈福康編著，《臺灣回教史》，臺北：伊斯蘭文化服務社，2004年再版。

楊兆鈞主編，《雲南回族史》，昆明：雲南民族出版社，1989。

楊桂萍、馬曉英，《清真長明－中國伊斯蘭教》，北京：宗教文化出版社，2007。楊啟辰、楊華主編，《中國伊斯蘭教的歷史發展和現狀》，銀川：寧夏人民出版社，1999。

廖正宏，《人口遷移》，臺北：三民書局，1985。

翟振孝，《經驗與認同：中和緬華移民的族群構成》，臺北：財團法人海華文教基金會，2001。

編委會編，《泰國華僑志》，臺北：華僑志編纂委員會，1959。

編委會編，《緬甸華僑志》，臺北：華僑志編纂委員會，1967。

編寫組修訂本編寫組編寫，《回族簡史》，北京：民族出版社，2009。

盧偉林，《緬甸華僑概況》，臺北：正中書局，1988。

羅惠翾，《伊斯蘭教社會功能研究－以幾個穆斯林社區的對比調查為例》，北京：中央民族大學出版社，2008。

龔學貞等口述，張世瑛主訪，《不再流浪的孤軍：忠貞新村訪談錄》，臺北：國史館，2002。

2011臺灣宗教學會，《建國一百年宗教回顧與展望》，臺北：臺灣宗教學會，2011年。

張少寬著，《檳榔嶼華人史話》，吉隆玻：戀人氏事業有限公司，2002年。

張少寬著，《檳榔嶼華人史話續篇》，檳城：南洋田野研究室，2003年。

（二）期刊論文

朱浤源、王樂麗、鄭月裡 2000《「融合或衝突？馬華伊斯蘭近代發展初探」簡介》，臺北：漢學研究通訊，第19卷第2期（總號第74期），頁219-235。（參與中研院東南亞區域研究計畫合著）

周宗仁 1997《馬來西亞華人地位之研究》，臺北：國立政治大學中山人文社會科學研

究所博士論文。

李寶鑽 1997《馬來西亞華人涵化之研究－以馬六甲為中心》，臺北：臺灣師範大學歷史研究所碩士論文。該論文獲郭廷以先生獎學金補助，於 1998 年 10 月，由國立臺灣師範大學歷史研究所出版。

李亦園 1968《馬來亞華人的遭遇與處境》，《大陸雜誌》，37 卷 5 期，臺北：大陸雜誌社。

李紹明 1997《馬來西亞的民族與多元文化》，《雲南民族學院學報》，第 1 期。

林廷輝 1982《大馬華裔回教徒》，《愛我華裔文化》，雪蘭莪：馬來西亞青年團結運動總會叢書之一。

1985「回教與華人社會」，收錄於《宗教與禮俗論文集》，吉隆坡：馬馬來西亞雪蘭莪中華大會堂出版。

範若蘭 1998 年「當代馬來西亞華人與伊斯蘭教關係略論」，《東南亞學刊》，第 1 期。

俞亞克 2003「伊斯蘭教在東南亞的早期傳播」，《學術探索》，第 4 期。

2005《「華夷兼蓄」下的邊緣遊移：論當代中國回族屬性中的「少數民族化」問題》，《國立政治大學民族學報》，24 期。

張禹東 1996《馬來西亞的「伊斯蘭化「運動對華人及其宗教文化的影響》，《華僑華人歷史研究》，第 4 期。

張應龍 2007《華人族群的本土化與馬來西亞的國際化》，收錄於何國忠編，《全球化話語下的中國及馬來西亞》，吉隆坡：Institute of China Studies。

陳玉龍 1999《馬來西亞伊斯蘭福利協會簡介》，《中國穆斯林》，第 2 期。

溫梓川 1985《華人的禮儀》，收錄於駱靜山編，《宗教與禮俗論集》，吉隆坡：馬來西亞雪蘭莪中華大會堂。

廖大珂 1997《早期的東南亞華人穆斯林》，《華僑華人歷史研究》，第 1 期。

鄭聖峰 1982《馬來西亞華人社會變遷之分析》，臺北：中國文化大學民族與華僑研究所碩士論文。

（三）英文部分

Haji Mohideen bin Moamed Ali 1994 「Muslim Converts in Malaysia： Do we make them feel comfortable？」 Islamic Herald, Vol. 15. No.1, pp.19-20.

Lim, Hin Hui （林廷輝），1983 「Ambiguity of Identity： The Case of Muslim Converts in West Malaysia,」 Ilmu Masyarakat：4, 出版地不詳,1983, p.44.

Lam, Chee Kheung（林煜堂） 2002 「The Demographic Characteristics of Chinese Muslims in Malaysia,」九十年度東南亞暨東北亞區域研究成果發表會（II），臺北：中央研究院亞太研究計畫, pp.1-9.

Osman bin Abdullah （Chuah, Hock Leng） 1997 「Interaction and Integration of Chinese Muslims With Their Malay Counterparts in Selangor, 」 P h. D. dissertation, Universiti Malaya （馬來亞大學）, pp.1-258.

Wang, Rosey Ma （王樂麗） 1997 「Difficulties Faced by Chinese Muslim Converts in Malaysia and The Need to go Through Education and Counseling to Overcome the Problems,」Master dissertation, Universiti Islam, pp.1-233.

Wang, Rosey Ma （王樂麗）2000 「Chinese Muslims in Malaysia,」 Anthropology I： Overseas Chinese and Indigenous People Ethnic Relations in Overseas Chinese Societies

（人類學組 I：華人與土著：海外的族群關係，中央研究院第三屆國際漢學會議論文），Taipei： Academia Sinica, pp.1-23.

Wang, Rosey Ma （王樂麗）2002 「The New Chinese Muslims in Malaysia ,」九十年度東南亞暨東北亞區域研究成果發表會（II），臺北：中央研究院亞太研究計畫, pp.1-36。

Tan, Chee-Beng（陳志明）　1997 「The Northen Chinese of Sabah, Malaysia： Origin and Some Sociocultural Aspects,」《亞洲文化》, No.2, pp.26-33.

Gladney, Dru C. 1991 Muslim Chinese： Ethnic Nationalism in the People』s Republic of China, Council on East Studies, Harvard University.

Gladney, Dru G. 1998 Ethnic Identity in China： the Making of a Muslim Minority Nationality, U.S.A.： Harcourt Brace College Publishers.

Harris, Amos H. 1950 Human Ecology： A Theory of Community Structure, New York： The Ronald Press.

Ma,T. Y. Haji Ibrahim1992 The Reason Why Muslims Abstain from Pork, Kuala Lumpur： Muslim Welfare Organisation Malaysia（PERKIM）.

Mak, Lau-Fong，2002 Islamization in Southeast Asia, Asia-Pacific Research Program, Academia Sinica, Taipei, 2002.

Osman Chuah（Osman Chuah Abdullah,Chuah Hock Leng,蔡福龍）

2001 Chinese Muslims in Malaysia, Kuala Lumpur： International Islamic University Malaysia.

2008 Muslim Converts In Malaysia, Malaysia：International University Islamic Malaysia.

Lokman AB. 出版時間不詳　Identity Construction： Nation Formation, and Islamic Revivalism in Malaysia： Politics and Religious Renewal in Muslim Southeast Asia, Honolulu： University of Hawaii Press.

Rodeny Stark and Roger Finke, Acts of Faith：Explaining the Human Side of Religion, University of California Press.

Malinowski Bronislaw, Argonauts of the Western Pacific　An Account of Native Enterprise and Adventure in the Archipelagoes of Melanesilan New Guinea, New York,E.P.DUTTON,1961.

Religious Orthodoxy & Popular Faith in European Society/Edited by Ellen Badone, Princeton University Press, Princeton, New Jersey,1990.

國家圖書館出版品預行編目資料

頭巾下的穆斯林——甘肅、臺灣與馬來西亞檳城穆斯林
女性的田野調查及理論思考／李靜著. --初版.--臺中
市：白象文化，2021.1
　　面；　公分.
ISBN 978-986-5526-43-6（平裝）
1. 伊斯蘭教 2. 女性 3. 宗教文化 4. 亞洲
250　　　　　　　　　　　　　　　　109007489

頭巾下的穆斯林——
甘肅、臺灣與馬來西亞檳城穆斯林女性的田野調查及理論思考

作　　者　李靜

校　　對　李靜

專案主編　吳適意

出版編印　吳適意、林榮威、林孟侃、陳逸儒、黃麗穎

設計創意　張禮南、何佳諠

經銷推廣　李莉吟、莊博亞、劉育姍、王堉瑞

經紀企劃　張輝潭、洪怡欣、徐錦淳、黃姿虹

營運管理　林金郎、曾千熏

發 行 人　張輝潭

出版發行　白象文化事業有限公司

　　　　　412台中市大里區科技路1號8樓之2（台中軟體園區）

　　　　　出版專線：（04）2496-5995　　傳真：（04）2496-9901

　　　　　401台中市東區和平街228巷44號（經銷部）

　　　　　購書專線：（04）2220-8589　　傳真：（04）2220-8505

印　　刷　基盛印刷工場

初版一刷　2021 年 1 月

定　　價　220 元

缺頁或破損請寄回更換
版權歸作者所有，內容權責由作者自負